Gulf of Bothnia
HELSINKI/
HELSINGFORS
Tallinn
Paldiski
Hangö/
Hanko
Turku
Åbo
Tampere
Pori
Rauma
Uusikaupunki
Vaasa/Vasa
Kokkola/
Karleby
Jakobstad/
Pietarsaari
Jyväskylä
Kuopio
Kajaani
Lahti
Salo
Åland I.
(Ahvenanmaa)
Umeå
Skellefteå
Piteå
Örnsköldsvik
Härnösand
Sundsvall
Sundsvallsbukten
Hudiksvall
Söderhamn
Gävle
Uppsala
Norrtälje
Sala
Falun
Borlänge
Mora
Östersund
Lycksele
Sollefteå
Kramfors
Bollnäs
Ljusdal
Sandviken
Hofors
Avesta
Ludvika
Hedemora
Fagersta
Malung
Kongsvinger
Elverum
Steinkjer
Storlien
Kopparberg
Kvarken
Holmön

Lappland

Lappland

Vom Polarkreis zum Nordmeer

Werner Nigg

Kümmerly+Frey

Photographen

Fritz Bachmann, Volker von Bonin, Finnair, Urpo Häyrinen, Walter Imber, Luossavaara-Kiirunavaara AB, Ereo Murtomäki, Alfred Nawrath, Rauno Ruuhijärvi, Peter Rust, Walter Weiss, Helfried Weyer

Übersetzungen

aus dem Finnischen	hum. kand. Riitta Arnold-Marila
	Pirkko Landis-Laitiala
aus dem Schwedischen	Fil. mag. Karin Naumann-Magnusson

Gesamtherstellung: Kümmerly + Frey, Bern
Strichzeichnungen: Hans Rohner, Bern
Gedruckt in der Schweiz ISBN 3 259 08451 7

Die Natur

Der Mensch

Die Wirtschaft

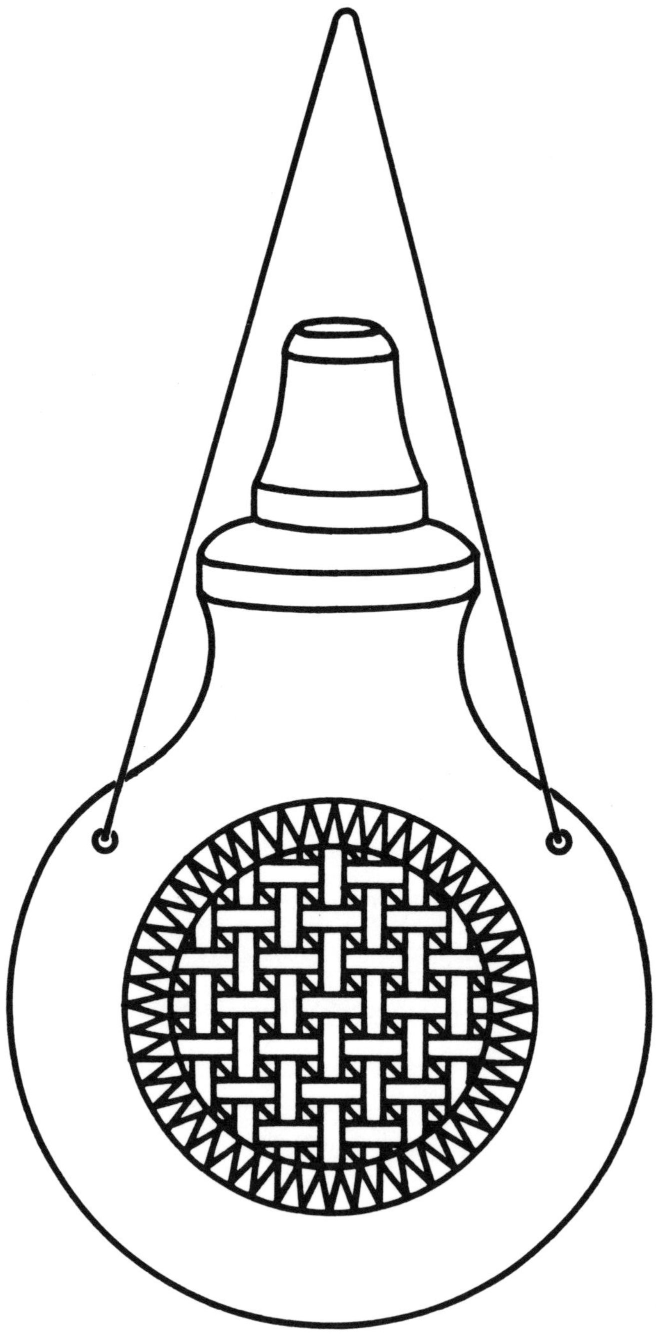

Die Salzflasche, unentbehrlicher Hausrat im Traggepäck des Lappen

Seit einigen Jahren besuchen immer mehr Touristen das Land «am Rande der Welt». Es fällt schwer zu sagen, weshalb diese unendlichen Wälder, Tundren und Berggegenden Lapplands eine derart grosse Anziehungskraft besitzen. Sind es die weiten, noch kaum von der Zivilisation berührten Naturlandschaften, die faszinierenden hellen Nächte mit der Mitternachtssonne, ist es die Ruhe und Einsamkeit, nach der so viele abgehetzte Menschen Sehnsucht haben, oder sind es die wenigen Lappen, die immer noch nach dem Rhythmus der Naturgesetze leben und wirtschaften? Ich glaube, es ist die Harmonie, die durch das Zusammenspiel aller Elemente dieser herrlichen Landschaften zustande kommt, die Harmonie, welche die sogenannten zivilisierten Länder weitgehend verloren haben.

Mehrere Mitarbeiter, darunter Persönlichkeiten aus Norwegen, Schweden und Finnland, berichten in diesem Buch über ganz verschiedene Aspekte Lapplands. Ihnen wie auch den Photographen sei an dieser Stelle herzlich gedankt. Zu grossem Dank bin ich auch allen verpflichtet, die meine Arbeit unterstützt und gefördert haben, meiner Frau für viele wertvolle Ratschläge, Pirkko Landis-Laitiala, Riitta Arnold-Marila, Aino Maria Hagen-Hilli und Theo Landis für zahlreiche nützliche Auskünfte. Möge dieser Bildband den Freunden Lapplands Freude bereiten und möge er ihnen das Verantwortungsbewusstsein gegenüber diesem einzigartigen Land und seinem Volke stärken.

In Erinnerung an meinen Bruder. *Werner Nigg*

1 Idyllischer See in Finnisch-Lappland
2 Olderdalen im Lyngenfjord
3 Teilansicht des Inari-Sees
4 Das Fjellgebiet von Ylläs-Aakenus
5 Tundrawald bei Karasjok
6 Nordische Sommernacht bei Berlevåg

Die Natur

«Das Ende der Welt»

In Lappland offenbart sich die Schöpfung in einzigartiger Pracht. Landschaften mit zertalten Bergbuckeln, weite, wellige Hochflächen und Tiefländer, buchtenreiche Seen und wild zerklüftete Küsten zeugen vom ewigen Wirken der Naturkräfte. Im strahlenden Glanz der warmen Sommertage und im sanften Licht der Mitternachtssonne breiten sich weite Tundren, Moore und Urwälder aus. Die wenigen Herbsttage übergiessen die Birken und niedrigen Beerensträucher mit leuchtendem Rot und Gelb. Der lange, dunkle Winter aber deckt alles mit Schnee zu, und ein feierliches Schweigen liegt über dem Land, bis im Frühling wieder neues Leben erwacht und die bunten Blumen Schritt für Schritt den Raum des weichenden Schnees einnehmen. Hier im hohen Norden gehorchen sogar die eingeborenen Menschen noch weitgehend den Gesetzen der Natur, so dass die Harmonie der Landschaften in den meisten Gebieten erhalten blieb.

Obwohl der Name Lappland allgemein bekannt ist, gibt es keine eindeutige Begrenzung dieses Raumes. Am häufigsten wird gesagt, es sei das von den Lappen bewohnte Gebiet. In Norwegen und Finnland wird der Name Lappland als Bezeichnung für Verwaltungsgebiete verwendet. So gibt es in Nordnorwegen den Bezirk Finnmark – wobei die Norweger die Lappen als Finnen bezeichnen. In Finnland heisst die nördlichste Provinz Lapin Lääni (Lappland); in Schweden wird Lappland als Name für eine Landschaft gebraucht. Zumeist versteht man unter Lappland ganz einfach die nördlichsten Gemarkungen von Norwegen, Schweden und Finnland sowie die sowjetische Halbinsel Kola. Demnach bildet Lappland einen Teil der nördlichsten Zone der Ökumene, grenzt es doch an das Nördliche Eismeer und damit an die menschenleere Nordpolarzone. Eine eindeutige Abgrenzung gegen die südlichen Nachbargebiete besteht nicht; als Grenzlinie wird häufig der Polarkreis bezeichnet.

Demzufolge kann auch keine verbindliche Angabe über die Grösse Lapplands gemacht werden; doch dürfte das gesamte Gebiet ungefähr 400 000 km^2

umfassen. Dieser riesige Raum am «Rande der Welt» hat Anteil an den vier Staaten Norwegen, Schweden, Finnland und Sowjetunion und wird deshalb etwa das «Lappland über vier Reiche» genannt. Er gehört zu den am wenigsten besiedelten Räumen unserer Erde. Weite Landstriche sind unbewohnt, andere weisen nur eine Dichte von 0 bis 1 Einwohner pro Quadratkilometer auf. Einzig an der Küste, bei Verkehrsknoten und Erzgruben besteht punktweise eine grössere Volksdichte.
Da das Land der Lappen wegen der abseitigen Lage bis vor kurzem keine wirtschaftliche Bedeutung zu haben schien, erweckte es früher kaum grosses Interesse in der übrigen Welt. Zur Zeit der grossen Entdeckungen, als die Europäer neue Kontinente erschlossen und als kühne Seefahrer sogar entlang der Eismeerküste nach Osten segelten, wurde Lappland nur selten erwähnt. Die ersten bekannten Reiseberichte mit Informationen über die Natur, die Bewohner und deren Lebensweise stammen aus dem 17. und 18. Jahrhundert. 1732 erhielt der später berühmt gewordene schwedische Naturforscher Carl von Linné mit 25 Jahren von der Schwedischen Königlichen Sozietät der Naturwissenschaften den Auftrag, in der Lappmark (heute Finnmark genannt) alle drei «Regna Naturae» (Naturreiche, d. h. der Pflanzen, der Tiere und der Menschen) zu erforschen. In seinem lateinisch geschriebenen Buch «Iter Lapponicum» (Lappländische Reise) schildert er äusserst originell z. T. in Tagebuchform seine Eindrücke, wobei er das Augenmerk besonders auf die Pflanzen, die Menschen und ihre Lebensweise richtete. Seine Aufzeichnungen überraschen oft durch eine erstaunliche unmittelbare Poesie, was schon im Vorwort zum Ausdruck kommt: «Das Ende der Welt habe ich besucht, der Sonne Nachtherberg geschaut.» Auch vom französischen Physiker, Mathematiker und Philosophen Maupertius gibt es Reiseberichte. Durch Gradmessungen in Lappland bestätigte er 1736 die Behauptung, dass die Erde abgeplattet sei. Erst in der zweiten Hälfte des 18. Jahrhunderts wurden ausgedehnte Reisen ins Reich der Mitternachtssonne unternommen. Bekannte Berichterstatter jener Zeit sind der deutsche
 Geologe Leopold von Buch und der französische Sprachforscher Xavier

Marmier. Im 19. Jahrhundert begannen die Skandinavier selbst mit der intensiven Erforschung und Schilderung ihrer nördlichen Gemarkungen und gaben so den Auftakt zur Schaffung einer umfassenden Literatur über das Land, das Linné «das Ende der Welt» nannte.
Heute dringt die Zivilisation immer tiefer in diesen Raum ein. Modernste Bergwerkanlagen mit ihren grosszügigen Wohnsiedlungen und Erzverladeeinrichtungen an den Häfen haben grosse Gebiete verändert. Lappland wird auch vom modernen Tourismus erfasst. Jahr für Jahr locken die weiten, stillen Naturlandschaften immer mehr Touristen an. Autobusse, Eisenbahnen, Schiffe und Flugzeuge bringen die abgehetzten Menschen in dieses riesige Erholungsgebiet. Komfortable Hotels, einfache Blockhütten mit idyllischen Saunahäuschen sowie Campingplätze bieten Gelegenheit zum Verweilen. Herrliche Wanderwege führen durch die einsamen Gegenden, und bereits hat man auch die Schönheit der langen, dunkeln Winter entdeckt und für die Wintergäste Skilifte und sogar beleuchtete Loipen angelegt. Langsam, aber sicher werden durch diese Eingriffe neue Kulturlandschaften geschaffen. Um wenigstens noch einige bisher unberührte Gebiete vor dem Zugriff der Zivilisation zu retten, hat man besonders typische Regionen zu Naturschutzgebieten erklärt.

Kontrastreiches Relief

Die Landschaften Lapplands weisen ziemlich kontrastreiche Oberflächenformen auf. Der westlichste Teil gehört geologisch zum Kaledonischen Gebirge, das im geologischen Altertum entstand und infolge starker Abtragung nur noch in Resten, als sogenanntes Rumpfgebirge, vorhanden ist. Der Felsuntergrund besteht zur Hauptsache aus alten, z.T. kristallinen Schiefern, in die verschiedenartige magmatische Gesteine als Intrusionen eingedrungen sind, wie Granite, Syenite, Gabbro u. a. Die letzte entscheidende Reliefgestaltung erhielt dieses Rumpfgebirge durch die Arbeit der diluvialen Eismassen, die im nördlichen Skandinavien bis 2000 m mächtig waren und während mehreren hunderttausend Jahren mit ihrer Erosion Fastebenen, riesige Rundbuckel und tiefe Trogtäler schufen. Nur an wenigen Stellen treten noch Bodenformen, die aus der Präglazialzeit stammen, in Erscheinung; die höchsten sind pyramiden-, horn- oder zahnförmige Gipfel, die oft ganze Gruppen von schmalen, gezackten Kämmen bilden, wie sie auf den Lofot-Inseln, aber auch im benachbarten norwegischen Festland besonders deutlich zu sehen sind. Weit verbreitet sind die Fjelle (norwegisch: Fjell, schwedisch: Fjäll), die Hochflächen, auf denen das Gletschereis weite Wannen und runde Buckel geschaffen hat. Die Skandinavier bezeichnen aber auch etwa Berge als Fjell. Das Relief der nordnorwegischen Küste ist vor allem durch die vielen grossen und kleinen Fjorde gekennzeichnet, die als enge, gewundene und oft verzweigte Buchten tief ins Land hineingreifen. Ihr U-förmiger Querschnitt verrät, dass es von den Gletschern geschaffene Trogtäler sind, in die nach dem Diluvium, als der Meeresspiegel dank dem Schmelzwasser des Eises anstieg, das Meerwasser eingedrungen ist. Oft stürzen über die steilen, fast senkrechten Wände der Fjorde weisse Wasserfälle in die Tiefe. Nur am inneren Fjordende und selten bei der Einmündung von Flüssen haben sich kleine Deltas gebildet. Vor der Fjordküste liegen Schwärme kleiner und grösserer, buckliger Felsinseln, die sogenannten Schären. Es sind vom Eis abgeschliffene Rundhöcker, die beim nacheiszeitlichen Steigen des Meeresspiegels teilweise überflutet wurden. Obwohl die meisten Erhebungen des lappländischen Berglandes unter 1000 m liegen und im allgemeinen ein Mittelgebirge darstellen, gibt es doch einige Massive, die sogar höher als 2000 m sind, so z.B. der 2133 m hohe Kebnekaise westlich von Kiruna, der höchste Berg Schwedens.

Gegen Osten fällt das Bergland allmählich in ein ruhiges, weites Flachland ab, das geologisch zum Baltischen Schild gehört, dem der finnische Geologe W. Ramsay den Namen Fennoskandia gab. Dieses Gebiet stellt eine sehr alte Landscholle dar, die schon vor dem geologischen Altertum mehrfach gefaltet wurde. Riesige Mengen von glutflüssigem Magma aus dem Erdinnern drangen in die schon vorhandenen Gesteine ein, verwandelten diese teilweise durch Umschmelzen und erstarrten schliesslich. So entstanden Granite, Gneise, Quarzite und andere kristalline Schiefer, die sich fast alle durch grosse Härte auszeichnen. Aber die abtragenden Kräfte, wie Verwitterung, Erosion des Wassers, des Eises und des Windes, haben schon vor dem Erdaltertum die Felsscholle zu einer Rumpffläche eingeebnet. Über diese wurden später Sedimentschichten – z. B. Sand- und Kalksteine – abgelagert, die jedoch in Lappland vollständig abgetragen worden sind. Wie im Kaledonischen Bergland, so haben auch im fennoskandischen Raum die eiszeitlichen Gletscher die letzten grossen Veränderungen der Oberflächenformen verursacht. Die lockere Verwitterungsrinde der Fastebene wurde durch das Eis weggeschürft und der Untergrund je nach dessen Härte und Widerstandsfähigkeit abgeschliffen. Nach der Eiszeit blieb eine Wüste zurück mit ausgehobelten Wannen, den heutigen Seen, und isolierten Härtlingen oder Restbergen, den Tunturis. Aber auch Gletscherschuttablagerungen, sogenannte Moränen, blieben in mannigfaltiger Anordnung zurück. So entstand eine riesige flachwellige Landschaft, durchsetzt mit grossen und kleinen Seen und überragt von den oben meist flachen Felsbuckeln der Tunturis.

Helle Nächte, dunkle Tage

Klimatisch bestehen in Lappland grosse Gegensätze, vor allem zwischen dem Küstengebiet und dem Landesinnern. Der Küstensaum am Nordatlantik und Nördlichen Eismeer steht unter dem Einfluss des Golfstromes und der Westwinde. Die mittlere Temperatur im Februar, dem kältesten Monat, sinkt am äussersten Küstensaum selten unter —3 °C, so dass alle Häfen eisfrei bleiben. Die Sommer sind noch relativ warm, die durchschnittliche Julitemperatur beträgt je nach Breitenlage 12 bis 14 °C, doch sind Tageshöchst-

werte von 20 °C nicht selten. Allgemein lässt sich feststellen, dass die Temperaturen an der norwegischen Küste durchschnittlich etwa 10 °C höher liegen als in anderen Gebieten mit gleicher geographischer Breite.
Die jährliche Niederschlagsmenge an der Küste beträgt im südlichen Abschnitt 1500 bis 2000 mm, gegen Norden nimmt sie bis auf 750 mm ab. Die Niederschläge sind ziemlich gleichmässig auf das ganze Jahr verteilt; der Winter ist etwas niederschlagsreicher als die übrigen Jahreszeiten. Besonders im Herbst und Winter jagen vom Ozean her oft schwere, dunkle Wolken ostwärts, und die Wogen des stürmischen Meeres brechen sich tosend an den Schären und steilen Küsten. Gegen das Landesinnere weist das Klima stark kontinentale Züge auf. Die Wintertemperaturen nehmen ab und die Sommertemperaturen zu. Im Februar beträgt das Mittel —14 bis —15 °C. Es sind indessen auch schon —50 °C gemessen worden. Der Juli-Durchschnitt liegt bei 15 °C; das absolute Maximum, nämlich 37 °C, wurde in Jokkmokk in Schwedisch-Lappland festgestellt, das ziemlich genau am Polarkreis liegt. Obschon der Sommer im Innern Lapplands überraschend warm ist, dauert er jedoch nur kurze Zeit. In Inari, in Finnisch-Lappland, zählt man jährlich nur 51 Tage mit Durchschnittstemperaturen von über 0 °C! Während langer Zeit des Jahres ist der Boden steinhart gefroren; in Mittellappland taut er während 100 bis 150 Tagen oberflächlich auf, in der Tiefe gibt es indessen dauernd Bodeneis. Dieser Dauerfrostboden reicht südwärts über den Polarkreis hinaus, allerdings taut er dort für eine längere Periode und bis in grössere Tiefen auf. Natürlich fällt ein wesentlicher Teil der Niederschläge in Form von Schnee. Lappland wird in der Regel schon in der ersten Hälfte Oktober eingeschneit, und im Mai, ja sogar oft erst im Juni, schmilzt die Schneedecke weg. Während die Atlantik- und die Eismeerküste das ganze Jahr eisfrei sind, dauert die Vereisung im nördlichen Bottnischen Meerbusen jährlich etwa 180 Tage.
Zu den grossartigsten Erlebnissen jedes Lapplandbesuchers gehören die hellen Sommernächte. Im nördlichen Lappland, auf dem 70. Breitenkreis, bleibt die Sonne vom 19. Mai bis 25. Juli ununterbrochen über dem Horizont;

aber auch in Südlappland kommt man noch wenige Nächte in den Genuss dieses einzigartigen Schauspiels. Wenn auch in den hellen Nächten die Strahlen sehr schräg einfallen und das Land oft mit einem goldenen Rot übergiessen, bleibt es doch noch so hell, dass die Bewohner nicht selten zu jeder Nachtzeit ihrer Arbeit im Freien nachgehen, sei es, dass sie mit ihren Rentierherden wandern, sei es, dass sie Heu ernten oder fischen. Im Winter dagegen sind die Beleuchtungsverhältnisse gerade umgekehrt. In Nordlappland dauert die Polarnacht rund 50 Tage; die Sonne erscheint nicht über dem Horizont, und es herrscht während der «Tage» nur eine schwache Dämmerstimmung. Dafür bringen die zahlreichen, in Farben und Formen verschiedenartigen Nordlichter etwas Abwechslung in die lange Nacht.

11

12

13

14

15

Lapplands vier Jahreszeiten

Wer sich erstmals mit dem Gedanken befasst, seinen Urlaub in Lappland zu verbringen, wird sich wahrscheinlich auf die Sommerzeit konzentrieren und ängstlich herumfragen, wann sie beginnt und wie lange sie dauert. Weitere vorsorgliche Erkundigungen befassen sich mit den Mücken, den Temperaturen und der Mitternachtssonne. Die übrigen Jahreszeiten sind dem Kenner vorbehalten, der sich keinen Deut um sein Reisedatum schert und glücklich ist, wenn nur einfach Lappland auf seinem Programm steht.

Doch beginnen wir mit der ersten Jahreszeit, dem Frühling. Wer ihn sucht, wird ihn bestimmt verpassen! Meistens dauert er nämlich lediglich einige Tage. Kaum beginnt der Schnee zu schmelzen – und das kann sowohl in der ersten Maihälfte als auch Mitte Juni sein –, spriessen bereits die Blätter. Und sie spriessen in einem unheimlichen Tempo, als hätten sie während eines langen Winters ungeduldig auf den Startschuss gewartet, um sich lebensfroh in den Sommer zu werfen, den Frühling gleichsam überrennend.

Auch die Menschen in Lappland, überhaupt in den nordischen Ländern, teilen diese überschäumende Freude. Während dieser Zeit wird man nirgends einem griesgrämigen Gesicht begegnen. Für Feste bedarf es keines Anlasses, keiner Begründung. Der Frühling ist da! Lasst uns tanzen, lachen, glücklich sein! Nichts ist zu spüren von der sprichwörtlichen Zurückhaltung der Nordländer (die ohnehin eine Mär ist). Wer das Glück hat, in einen solchen Frühling zu geraten, wird künftig ein besonders inniges Verhältnis zu Lappland haben. Er wird die Adressen vieler Freunde nach Hause nehmen und auf eine ewige Gastfreundschaft zählen dürfen.

Der Sommer beginnt gemäss Reiseführern im Mai und dauert bis September. Aber eben – wenn sich der Frühling verspätet, kommt auch der Sommer zu spät! Doch auch der verspätete Sommer macht vieles wieder gut. Zum Beispiel die unbeschreibliche Stimmung, wenn die Sonne einfach nicht untergehen will und die schönen Landschaften in ein warmes Rot taucht, wenn die langen, weichen Schatten Bilder zeichnen, die man sonst nie wahrgenommen hat. Da merkt man plötzlich, was es heisst, Zeit zu haben. Gespräche werden zu Ende geführt, Gefühle werden tiefer empfunden, der Mitmensch wird wahrgenommen, und man findet wieder sich selbst. Mag sein, dass die Mücken stechen, dass man am nächsten Tag mit einem Kater erwacht – doch das tiefe Erlebnis wiegt ungleich schwerer.

Daneben bietet Lapplands Sommer eine ganze Reihe von Exklusivitäten, die vor allem dem Touristen zugedacht sind. Man kann dort Gold waschen, sogar an Goldwäscher-Wettkämpfen teilnehmen, an den Flussufern nach Edelsteinen suchen (Quarze, Jaspis, Achat usw.), natürlich auch fischen, in einsamen Gegenden wandern, auf Seen rudern, in den Flüssen Kajak fahren und sogar schwimmen. Die Lufttemperatur erreicht im Sommer öfters 30 °C.

Im September, wenn in anderen Ländern der Herbst von der Vergänglichkeit allen Lebens kündet, beginnt in Lappland ein Crescendo der herrlichsten Farben. In Schweden heisst diese Zeit «Ruskan tid», in Finnland «Ruskaaika» = Ruska-Zeit. Ruska nennt man auch die Farbenskala, in der ein rötliches Braun in vielfältigen Abstufungen dominiert. Unzählige Wandteppiche, Gemälde, Vorhangmuster, Gebrauchsgegenstände und gar modische Kleider nordischer Herkunft lassen vermuten, wo sich die Künstler inspirieren liessen. In der Tat findet man in Lappland neben der ursprünglichen Bevölkerung nicht nur Originale und Einsiedler, sondern zahlreiche Designer und Künstler, die den Weg zurück zur Natur, zur Ursprünglichkeit suchen.

Auf die schönste Jahreszeit folgt im November ein eigentümlicher, stimmungsvoller Dämmerzustand – Kaamos. Lappland ist dann Nachtland. Aber es ist keine Nacht, wie man sie in südlicheren Gegenden erlebt. Die Sonne ist ja nicht so weit unter dem Horizont. Doch immerhin so tief, dass die Natur schläft. Oder ruht sie sich nur aus? Bald sind die Wälder und Felder von einer dicken Schneedecke überzogen, werden alle Geräusche gedämpft, wird es still. Selten vernimmt man das Gebimmel eines Rentiergespanns, das Gebell von Hunden. Doch überall, wo Menschen wohnen, leuchtet sanftes

Licht aus den Fenstern. Und man darf sicher sein, dass die Haustüre offen ist, die Kaffeekanne auf dem Herd steht und der Fremde, wer er auch sei, willkommen geheissen wird. Nachtland ist die Zeit, die diese Menschen besonders geprägt hat. Sie sind aufeinander angewiesen und vertrauen sich gegenseitig. Sie spüren es, wenn jemand Hilfe braucht. Und sie helfen, ohne Worte. Sogar der Dank ist nicht überschwenglich; denn morgen wird der andere helfen, ohne dass man ihn fragt. Nachtland, das schmiedet Gemeinschaften, das bewältigt man gemeinsam. Und deshalb ist Nachtland vielleicht das wertvollste Gut Lapplands.

Doch hat der Winter in Lappland auch seine vergnügliche Seite. Gerade um der langen Nacht die Schwermut zu nehmen, finden immer wieder und aus dem geringsten Anlass Feste statt. In jeder grösseren Siedlung vergnügt man sich schon am Nachmittag bei Tanz und Spiel. Die Leute kommen auf Skiern, Rentier- oder Motorschlitten von weither und feiern ausgelassen bis spät in die Nacht. Wer da mitmachen will, muss schon einiges vertragen können – vor allem, wenn er am nächsten Tag eine der vielen Sportarten betreiben will! Zur Verfügung stehen endlose Loipen, die durch Wälder, über Seen und Hügel führen, Safaris mit Rentierschlitten, wobei man sogar einen Rentierschlitten-Führerschein erwerben kann, Wettrennen mit Motorschlitten, Eislochfischen, Eislaufen, natürlich auch die Jagd und schliesslich das berühmteste Vergnügen – die Sauna. Ein Winter in Lappland ist ein Abenteuer. Temperaturen bis —50 °C – allerdings eine trockene, erträgliche Kälte –, Sport für harte Männer, Feste, wie man sie selten feiert, und ein intimes, inniges Verhältnis zur Natur, das alles bleibt unvergesslich.

Die Jahreszeiten sind in Lappland anders. Und wer sie alle einmal erlebt hat, wird keine vorziehen. Er wird Lappland lieben, weil es dort keine Sekunden und Minuten gibt, weil er dort Menschen begegnet, weil er dort zu sich selber zurückfindet – und weil dort immer jemand auf ihn warten wird!

Nordlicht, Zauber am Polarhimmel

«Nach Sonnenuntergang zeigte sich im Nordosten ein fahler Lichtschein, welcher mit der Dunkelheit an Helligkeit zunahm. Ein ungewisses Flimmern und Zucken durchlief die Erscheinung, zuweilen stärker werdend und eine Bewegung zeigend, als würde sie wie ein lose aufgespanntes Tuch heftig geschüttelt und zugleich hin und her gezaust, zuweilen jäh aufflammend wie fernes Wetterleuchten. Einzelne Lichtgarben streckten sich heraus und flatterten wie von heftigem Winde bewegt; oft lösten sie sich los, schossen aufwärts zum Zenith und verschwanden. Sie wurden häufiger, leuchtender, ihre Bewegungen schneller. Bald strömten die Lichtgarben in mächtigen Strahlen über uns hinweg, sie schwangen sich hin und wieder, neigten sich, sanken zurück und stiegen von neuem empor, weiter und immer weiter in die Unendlichkeit hineinragend im grossartigen Farbenspiel. Wie die Wogen des Ozeans vor dem Sturme einherrollen, so überfluteten zuweilen ungeheure Lichtwellen mit majestätischer Bewegung das Himmelsgewölbe, im Zenith mit einem grellen Aufzucken in Tausende von Flammenpfeilen zersplitternd, die blitzähnlich im Weltenraum verschwanden. Ununterbrochen trieben die mächtigen Strahlenbündel ihr sinnverwirrendes Spiel: im gewaltigen Schwung gleich den Flügeln eines unendlich grossen Rades nach derselben Richtung eilend, dann wieder stillstehend, ungewiss schwankend und vibrierend, um sich gleich darauf in entgegengesetzter Bewegung zurückzuschwingen, oder flächenförmig auflodernd, in stolzer Pracht Minuten lang bewegungslos ruhend, dann wieder sich wild verschlingend und kreuzend. Das ganze Firmament war Licht, Bewegung, ein in zauberhaftem Glanze strahlendes Feuermeer. Einzelne Lichtgarben fuhren so jäh und leuchtend nach oben oder unten, dass sie dicht über uns hinzuschiessen oder auf uns niederzusinken schienen. Oft hatten wir das Gefühl, als müsste so intensiver Lichtentwicklung ein ungeheueres Getöse folgen, aber vergebens lauschten wir mit verhaltenem Atem, ein feierliches Schweigen herrschte ringsum.»

So schilderte der Geograph Pechuel-Loesche im Frühling 1866 auf seiner Fahrt durchs Bering-Meer ein Nordlicht. Verschiedene Portugiesen seiner Mannschaft, welche diese Naturerscheinung erstmals zu sehen bekamen, flohen sofort in die Kajüten. «...wer an Deck zu bleiben wagte, stand, erdrückt von der Grossartigkeit des Schauspiels, in lautloser Bewunderung», berichtete der Geograph weiter. Ähnlich ergeht es wohl all jenen, die zur Zeit der Polarnacht den hohen Norden bereisen. Deshalb befassten sich viele Wissenschaftler, z.B. auch Alexander von Humboldt, mit den Geheimnissen dieses Phänomens. Der Dichter J.V. von Scheffel muss ebenfalls vom unvergleichbaren Zauber des Polarlichts gewusst haben:

«Des Winters Nächte sind lang und dunkel. Dann und wann blitzt ein Nordlicht auf. Aber leuchtender als alles Nordlicht steht jene Nacht in der Menschen Gemüth, da die Engel niederstiegen zu den Hirten auf der Feldwacht.» (Ekkehard)

Und bei Schiller heisst es:

«...ein Nordlicht, das, wie die Wetterverständigen behaupten, Kälte erzeugt.»

An und für sich ist es erstaunlich, wie bekannt das Nordlicht auch in unsern Breiten immer schon war, ist es doch im kalten, dunkeln Winterhalbjahr, vor allem aber zur Zeit der Tag- und Nachtgleiche, häufig zu sehen. Wer aber einmal das Schauspiel eines Nordlichts miterleben durfte, wird sich nicht wundern, dass diese Himmelserscheinung die Gemüter der Völker in den polaren Breiten immer wieder bewegt hat. Die oft blutigrote Farbe dieser Lichter, das Funkeln und die Bewegung im Farbenmeer wurden vielfach als Vorboten für Krieg und Blutvergiessen angesehen. Man dachte an Heere kämpfender Geister, welche mit Brandfackeln aufeinander einschlugen. Aus der Richtung dieser Lichter und der Lichtstärke der scheinbaren Geisterkämpfe versuchte man Schlüsse über die Lage der Kampfplätze und die Heftigkeit zukünftiger irdischer Schlachten zu ziehen. So lauten die erste und siebte Strophe einer Beschreibung der Nordlichterscheinung vom 25.1.1630:

Erste Strophe

Ein grosses Wunderzeichen
hat uns Gott sehen lahn
uns damit zu erweichen
dass wir sollen buse than
am Himmel gegen Mitternacht
drey Straim man genommen in acht
die an zusehen gewesen
wie Ruthen oder Besen
mit Fleiss zusammengelesen.

Siebte Strophe

Da die Schlacht waren gschehn
in Wolken grimmiglich
hat man darauff gesehen
fein klar und eigentlich
viel Wolken gfärbt wie lauter Blut
welches von erschlagnen fliessen thut
wann eine Schlacht geschehen
solchs haben wir gesehen
ach wie wirds uns ergehen.

Nebst Kriegsnot «verhiess» das Nordlicht auch anderes Unheil, im Elsass z.B. Überschwemmungen und Hungersnöte, in Schlesien grosse Kälte. Die wohl älteste Schilderung überliefert uns ein anonymer Schreiber im sogenannten Königsspiegel, einem «Lehrbuch für die norwegische Führungsschicht im 13. Jahrhundert». Dieses ist schon deshalb interessant, weil der Schreiber das Nordlicht als natürliche Erscheinung zu erklären versucht. Er liefert gleich drei Deutungsversuche:

1. Grönland liege am äussersten Rand der Erde. Deshalb könne das Randfeuer, das Meere und Gewässer umfliesse, hereinleuchten und die Nordlichterscheinung hervorrufen.
2. Beim Untergang der Sonne könnten einzelne Funken vor ihr am Himmel hinauffahren.
3. Die Eismassen und der Frost hätten eine solche Stärke, dass dieser Schein von ihnen ausstrahle.

In Beschreibungen aus dem 16. Jahrhundert hält man das Nordlicht für Kometen. Dann nehmen auch wieder märchenhafte, mythische Deutungen überhand. Erst im 18. Jahrhundert erkannten einzelne Forscher, so auch der schwedische Astronom Andres Celsius, einen Zusammenhang zwischen Sonnenflecken und Sonnenausbrüchen einerseits und den Polarlichtern andererseits. Mit systematischen Untersuchungen begann man erst im 19. Jahrhundert. Entscheidende Erfolge brachte die Weltraumforschung mit kombinierten Boden-, Raketen- und Satellitenbeobachtungen.

Die Polarlichter – Nordlichter nennt man sie auf der Nordhalbkugel, Südlichter auf der südlichen Hemisphäre – sind fast in jeder klaren, dunklen, mondlosen Nacht in den beiden Polarlichtzonen gleichzeitig zu sehen. Diese sind oval um die erdmagnetischen Pole gelagerte Gebiete. Die magnetischen Pole entsprechen nicht den geographischen. Der nördliche magnetische Pol befindet sich zur Zeit auf der kanadischen Insel Prince of Wales auf 73° nördlicher Breite. Deshalb liegen in Nordamerika die Gebiete, in welchen häufig Polarlichter aufleuchten, schon auf der Breite Oslos (60° N). Um in Europa Nordlichter zu sehen, ist eine Reise ans nordwestlichste Ende Lapplands (70° N) zu empfehlen. An den erdmagnetischen Polen selbst sind interessanterweise nur in zwanzig von hundert klaren, dunklen Nächten Polarlichter zu beobachten.

Wie muss man sich nun das Entstehen des Nord- oder Polarlichtes erklären? Unsere Sonne schleudert dauernd elektrisch geladene Atomteilchen aus, sogenannte Protonen und Elektronen. Protonen sind positiv geladene Wasserstoff-Atomkerne, Elektronen negativ geladene Elementarteilchen. Diese Atomteilchen erreichen auch die Erdatmosphäre als sogenannter Sonnenwind. Das Magnetfeld der Erde verhindert zwar ein direktes Eindringen in unsere Atmosphäre, wird aber durch den Sonnenwind verzerrt, vor allem in der höhern Atmosphäre und auf der Lee- oder Nachtseite. Hier kann das Kraftfeld mit einem Schweif verglichen werden. Dort draussen, wo der Magnetismus schon sehr schwach ist, treffen diese geladenen Atomteilchen der Sonne auf die von einem magnetischen Pol zum andern verlaufenden Kraftlinien. Um diese herum wirbeln nun die Elektronen und Protonen auf spiralförmigen Bahnen in die obern Regionen der Atmosphäre herab. In Höhen von 1000 bis 80 km über der Erde stossen sie somit auf

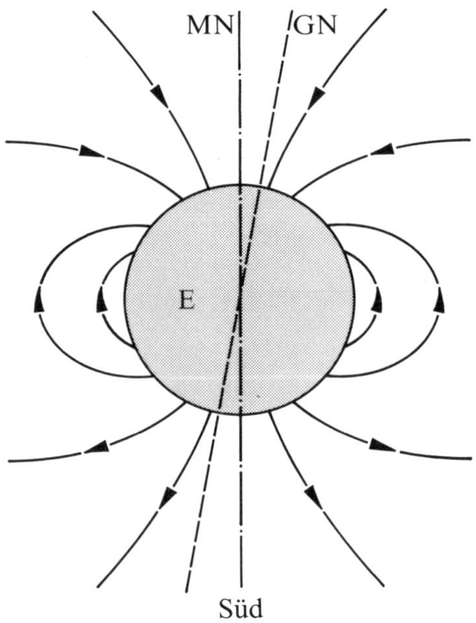

Magnetisches Kraftfeld
der Erde theoretisch

GN Geographisch Nord
MN Magnetisch Nord
E Erde

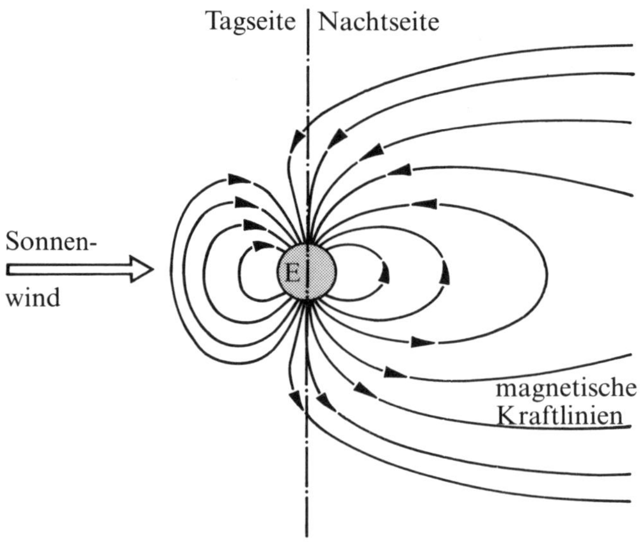

Magnetisches Kraftfeld der Erde,
beeinflusst durch den Sonnenwind

Die magnetischen Pole entsprechen nicht den geographischen; in Wirklichkeit verläuft die gedachte Verbindungslinie zwischen den magnetischen Polen auch nicht durch den Erdmittelpunkt.

Durch den Sonnenwind bedingt, ist dieses Kraftfeld auf der Nachtseite schweifartig verzerrt. Dort gelangen die Sonnenteilchen, einige Millionen Kilometer von der Erde entfernt, in dieses Kraftfeld und auf den Kraftlinien in die Polarzonen, wo sie beim Eindringen in die Atmosphäre Polarlichter erzeugen.

Moleküle der Lufthülle, auf Stickstoff- und Sauerstoffmoleküle und auf Sauerstoffatome. Dieses Zusammentreffen bewirkt die zauberhaften Farbspiele. Das Licht entsteht auf die gleiche Art und Weise wie das der Neonröhren. Auch in diesen wird es von den Atomen und Molekülen sehr stark verdünnter Gase ausgestrahlt, angeregt durch elektrisch geladene Teilchen. Die Farbe hängt also von den Gasen ab: atomarer Sauerstoff erzeugt grünes, atomarer und molekularer Sauerstoff rotes, Stickstoff verursacht blaues bis violettes Licht.

Bei besonders heftigen Sonneneruptionen wird sehr viel Material Zehntausende von Kilometern hinausgeschleudert. Der starke Sonnenwind verursacht etwa 16 bis 36 Stunden später sogenannte erdmagnetische Stürme. Es sind dies rasche Schwankungen des Magnetfeldes der Erde. Die Polarlichtzone erweitert sich, so dass hin und wieder auch in gemässigten Breiten Polarlichter aufleuchten.

Nebst den Farben variieren auch die Formen der Polarlichter. Wenn keine klaren Linien und Grenzen zu erkennen sind, spricht man vom Glühen und von Flächen. Besonders herrlich sind die Strahlen und Kronen. Letztere entstehen durch eine Vielzahl von parallelen Strahlen im Raum, die scheinbar in einem Punkt zusammenlaufen. Oft kann man eigentliche Bogen erkennen, welche sich in ostwestlicher Richtung ausdehnen. Von diesen können ebenfalls Strahlen ausgehen. Viele Beobachter haben eine weitere Art von Polarlichtern mit riesigen, wellenförmigen, funkelnden Vorhängen verglichen. Solche Erscheinungen nennt man Draperie. – Die Farben- und Formenpracht lässt sich trotz aller technischer Hilfsmittel weder durch Farbfotografie noch durch wissenschaftliche Schilderungen richtig festhalten. Das Erlebnis eines Polarlichtes ist auch heute noch – im Zeitalter der Technik und der Raumfahrt – etwas Einmaliges, Wunderbares.

Käseform. Die Rentiermilch liefert Butter und schmackhaften Käse

Wälder, Moore, Tundren

Charakteristisch für die weiten inneren Flächen Lapplands sind die Flüsse, die auf langen Strecken träge dahinfliessen und ihr klares, schwarzes Wasser mühsam fortwälzen, bis es zu einer Stufe aus hartem Fels gelangt und tosend in die Tiefe stürzt. Aber auch die Seen, die grossen, langgezogenen Fjellseen in Schweden und die weitverzweigten Wasserflächen im nördlichen Finnland, sind typische Erscheinungen im Landschaftsbild. Der Inarisee mit seinen komplizierten Uferlinien und seinen 3000 Inseln stellt ein wahres Labyrinth dar und gilt als «heiliger See» der Lappen.
Doch was wäre Lappland ohne seine Pflanzen, ohne sein schützendes Kleid? Die Pflanzendecke prägt das Antlitz dieser Landschaften mindestens so stark wie das Relief. Sie bringt Farben in die Szenerie, Farben in allen Nuancen, die im Verlaufe des Jahres mehrmals wechseln. Quer durch das südliche Lappland zieht sich der nördlichste Streifen der riesigen Nadelwaldzone, die man in Russland Taiga nennt. Einzig die Hochfjells und Tunturis bilden waldlose Inseln. Nur wenige Baumarten, vorwiegend Nadelbäume, konnten sich diesem winterkalten Klima anpassen. Daher ist der nordische Wald artenarm. Neben Kiefern, Fichten und Tannen kommen vor allem noch Birken vor. Die Bäume wachsen langsam und bilden schmale Jahresringe; sie werden indessen älter als ihre Artgenossen in niedrigeren Breiten. Die Fichte wird 300 bis 400 Jahre alt, in Mitteleuropa hingegen beträgt ihr Durchschnittsalter nur 200 Jahre. In den nordischen Wäldern erreichen die Bäume selten eine Höhe von 25 m und einen Stammdurchmesser von 50 cm. Auch die Kiefern, die auf trockenem Grund die Mehrzahl der Bäume ausmachen, wachsen sehr langsam und erlangen ihre maximale Höhe erst nach etwa 200 Jahren. Die ältesten Kiefern, die Wind und Wetter getrotzt haben, sind über 500 Jahre alt! Die kurzen, gedrungenen Stämme und kräftigen Äste verleihen ihnen oft ein geisterhaftes Aussehen.
Zu den häufigsten Bodenpflanzen gehören Flechten, Moose und niedrige Beerensträucher wie Heidel- und Preiselbeeren. Gegen Norden wird der Wald

immer lichter, die Nadelbäume niedriger und schlanker, und öfters trifft man eingestreute Tundraflächen an. Noch weiter nördlich setzt sich dieser Tundrawald vorwiegend aus niedrigen, gekrümmten Fjellbirken zusammen, die schliesslich als lose Gruppen oder Einzelbäume die äussersten Vorposten bilden.

Im Binnenland von Schwedisch-Lappland, im Gebiet von Enontekiö und Utsjoki in Finnland sowie in der norwegischen Finnmark bilden die Fjellbirken unabsehbare grüne Flächen, die sich im Herbst gelbrot färben und während der blätterlosen Zeit bei besonderen Lichtverhältnissen lilagrau leuchten. Ein Blick von der Höhe eines Tunturis nordwärts über den lappländischen Wald zeigt ein immenses grünes Meer. Aus der dunkelgrünen Grundfarbe der Nadelbäume heben sich die hellgrünen Flecken der Birken ab, die auch den hellen Nordsaum bilden. Da und dort sieht man vereinzelte rechteckige Rodungsinseln mit Bauernhöfen, die durch die hellen, geraden Linien der Strassen miteinander verbunden sind.

Über weite Strecken ist Lappland von Mooren bedeckt. In der Gegend von Sodankylä im südlichen Finnisch-Lappland und von Sjaunja in Schwedisch-Lappland breiten sich weite Moorflächen aus, die z. T. von grossen, im Winde wogenden Wollgrasfeldern bedeckt sind. Vereinzelt und in Gruppen wachsen dort auch noch Zwergbirken sowie Krüppelkiefern, und Weidenbüsche umsäumen die Wasserläufe, die das Moor durchziehen.

Die kargsten Lebensbedingungen finden die Pflanzen auf den Kuppen der Fjelle, auf den Tunturis. Lange Frostperioden und ein unbarmherziger rauher Wind gestatten nur noch niedrigen Pflanzen wie Gräsern, Binsen, Flechten und Moosen die Existenz. Die tiefen Temperaturen bewirken ein sehr langsames Pflanzenwachstum. Die Rentierflechte wächst im Jahr nur etwa 1 bis 5 mm! Diese Tundravegetation findet man auch in den höheren Lagen des westlichen Berglandes. Auf Fjellen mit kalkhaltigem Boden breiten sich für kurze Zeit prächtige, bunte Blumenfelder aus. Besonders intensiv leuchten die Trollblumen, die als breite Streifen die Flüsse begleiten und Seen und Moore umsäumen. Nur in relativ kleinen Gebieten, auf besonders kalten, rauhen Erhebungen des Kaledonischen Berglandes und auf den höchsten Tunturis fehlt die Vegetation nahezu vollständig. Doch auch dort wird der anstehende Fels oder der Verwitterungsschutt noch teilweise von blassgrünen und rostbraunen Flechten überzogen.

Die Tierwelt Lapplands

Für den Touristen sind die Rentiere und Insekten wohl die bekanntesten Tiere Lapplands. Erstere bilden auch heute noch für viele Lappen die Existenzgrundlage und für die Feriengäste beliebte Fotomotive. Die Insekten indessen, die während des Sommers myriadenweise vorkommen, stellen für Einheimische wie für die Fremden, aber auch für die Rens und die Haustiere der Bauern eine arge Plage dar. Aus dem dunkeln Moorwasser, aus den sumpfigen Seeufern steigen die Schwärme der hämisch summenden, beissenden und stechenden Mücken, Kriebelmücken und Bremsen auf und überfallen ihre Opfer – und dies während der Zeit, in welcher man schwimmen und rudern, in der man möglichst leicht bekleidet wandern oder gemütlich auf dem Bänklein vor dem Saunahäuschen sitzen und plaudern möchte! Diese Plagegeister halten sich an keinen Stundenplan, an keine Tageseinteilung – es ist ja dauernd hell! Die Gepeinigten reiben sich ein, besprayen und salben sich mit allen erdenklichen Abwehrmitteln, sie schlagen mit Händen und Füssen um sich, sie patschen auf die Arme und Beine des Nächsten, sie kratzen sich und bekleiden möglichst den ganzen Körper, tragen Mützen bis über die Ohren und Handschuhe – doch immer wieder finden die Insekten irgendwo eine Stelle, wo sie stechen und beissen können. Glücklicherweise gibt es aber auch Stunden, ja sogar Tage mit geringerer oder überhaupt ohne Insektenplage; sie sind selten, aber um so mehr werden sie geschätzt. Doch der wahre Lapplandfreund lässt sich seine Freude nicht vergällen, irgendeine Unbill muss man schliesslich in allen Ländern erdulden.

Die Tierwelt Lapplands ist infolge des langen, dunklen Winters nicht sehr artenreich. Wohl sieht man ausser den zahmen auch etwa freilebende Rentiere und, wenn man Glück hat, sogar einen stattlichen Elch. Auch gewisse Kleinnager finden gute Existenzmöglichkeiten, z.B. die Lemminge. Es gibt vereinzelte Jahre, in denen es auf bestimmten Fjells von diesen kleinen, bodenbewohnenden Nagetieren nur so wimmelt, denn bei besonders günstigen Lebensbedingungen vermehren sie sich so stark, dass die Nahrung nicht mehr ausreicht. Die Folge ist, dass sie scharenweise abwandern, vor allem gegen das Meer und nicht selten in Gegenden, wo sie noch weniger zum Fressen finden, so dass viele dieser kleinen Wühler elend zugrunde gehen.

Die Braunbären, Vielfrasse und Wölfe bevölkern vor allem die östlichen Regionen, besonders die Halbinsel Kola. Von dort aus dringen sie – allerdings immer seltener – in die westlich angrenzenden Gebiete vor. Als Feinde der Rentiere wurden vor allem die Wölfe stark dezimiert; den Bären hingegen, der sich hauptsächlich mit pflanzlicher Nahrung begnügt, trifft man in der Abgeschiedenheit der Wälder noch hie und da an.

Am reichhaltigsten kann sich die Fauna dort entfalten, wo es Wasser und Moore gibt. So lästig die Insekten für die Menschen und Säugetiere auch sind, so wertvoll sind sie für Vögel und Fische, die sich z.T. von ihnen ernähren. So herrscht an Seen, Sümpfen und Mooren ein reges Leben, wenn andauernd Watvögel auf- und niederfliegen. In den Moorwäldern veranstalten die Singvögel an Sommermorgen ein lautes, vielstimmiges Konzert. Andernorts ist es fast unheimlich, wenn die scheuen Schneehühner die Stille der Einöden mit ihren schwermütigen Rufen unterbrechen. Amüsant sind die Regenpfeifer, die hie und da den einsamen Wanderer begleiten. In der Nähe von Siedlungen halten sich Schwalben auf; aber auch Seeadler, Wildenten, Wildgänse und andere Zugvögel verweilen für kurze Zeit in Lappland. Doch am dichtesten ist die Vogelbevölkerung an der steilen, felsigen Küste des Nordatlantik und des Eismeers, wo das durchdringende Geschrei der vielen Möwen oft den Motorenlärm der Schiffe übertönt. An den Vogelbergen nisten oft dicht aneinandergedrängt Kormorane, Tordalken, Dreizehenmöwen sowie Papageitaucher, und auf dem Wasserspiegel der Fjorde scharen sich die geselligen Eiderenten so eng zusammen, dass sie wie graubraune, schwimmende Inseln erscheinen.

Lapplands Seen und Flüsse sind sehr fischreich. Lachse und Forellen, Hechte, Barsche und viele andere Fische tummeln sich in den zahlreichen Gewässern. Das Fischen bedeutet für die Bewohner sowohl Nahrungsbeschaffung wie Sport. Mit Angelrute, Netz und Reuse, vom Ufer oder Boot aus, im See, im träge fliessenden Fluss und im schnellenreichen Wildbach – auf jede Art und überall werden Fische gefangen. Eine besondere Passion, und neuerdings eine Attraktion für die Wintergäste, ist das Eislochfischen.

An der norwegischen Küste, am überaus fischreichen Eismeer, stellt die Fischerei eine der wichtigsten Existenzgrundlagen dar. Seit jeher kennen die Küstenbewohner die Lebensgewohnheiten der Meerfische und nützen diese Kenntnisse für den Fang aus, sei es der grosse Dorschzug im Vorfrühling oder seien es die wandernden Heringsschwärme. Aber auch Krabben und Muscheln bringen guten Erwerb, und sogar der Walfang hat noch eine gewisse Bedeutung. Aus dem Fischfang hat sich an der norwegischen Küste eine eigentliche Industrie entwickelt. In den grösseren Küstenstädten, vor allem in Tromsö, gibt es modern eingerichtete Fischverarbeitungsfabriken. Trotzdem besitzen aber noch fast alle Fischersiedlungen – die kleinen mehr als die grossen – ihre charakteristischen Merkmale: die grossen Holzgerüste, auf denen die Stockfische getrocknet werden.

Die Lappin

Bei einem kleinen Hause hielten sie an; es war so jämmerlich; das Dach ging bis zur Erde hinunter, und die Tür war so niedrig, dass die Familie auf dem Bauche kriechen musste, wenn sie heraus oder hinein wollte. Hier war niemand zu Hause ausser einer alten Lappin, die bei einer Tranlampe Fische briet; und das Rentier erzählte Gerdas ganze Geschichte, aber zuerst seine eigene, denn diese erschien ihm viel wichtiger; und Gerda war von der Kälte so erstarrt, dass sie nicht sprechen konnte.

«Ach, ihr Armen!» sagte die Lappin, «da habt ihr noch weit zu laufen! Ihr müsst über hundert Meilen weit nach Finnmarken hinein, denn dort hat die Schneekönigin ihren Landsitz und brennt Abend für Abend ein Feuerwerk ab. Ich werde ein paar Worte auf einen trocknen Stockfisch schreiben, Papier habe ich nicht, den werde ich euch für die Finnin dort oben mitgeben, sie kann euch besser Bescheid geben als ich!»

Und als Gerda nun erwärmt war und zu essen und zu trinken bekommen hatte, schrieb die Lappin ein paar Worte auf einen trocknen Stockfisch, bat Gerda, wohl darauf zu achten, band sie wieder auf dem Rentier fest, und dieses sprang davon. «Fut! Fut!» sagte es oben in der Luft, die ganze Nacht brannten die herrlichsten blauen Nordlichter...

Aus: Hans Christian Andersen, «Die Schneekönigin».
Sämtliche Märchen und Geschichten, herausgegeben von Leopold Magon, Leipzig 1953

---

17 Frühling in der Moorlandschaft Ostfinnlands
18 Zweiblättriges Veilchen *(Viola biflora)*
19 Vegetation der steilen Fjordküsten
20 Klappertopf *(Rhinanthus)*
21 Scharfe Fetthenne *(Sedum acre)*
22 Schwedischer Hartriegel *(Cornus suecica)*
23 Saatgans *(Anser fabalis)*
24 Wanderfalke *(Falco peregrinus)* mit Jungen
25 Wollgras *(Eriophorum)*
26 Landschaft bei Finnöyra am Langfjord
27 Sommernacht bei Lakselv, Nordnorwegen
28 Frühling im Tunturi-Gebiet Finnisch-Lapplands

26
27

Der Mensch

Die Lappen und ihre Kultur

Die Lappen Norwegens stellen innerhalb der einheimischen Bevölkerung eine besondere Volksgruppe dar. Zahlenmässig handelt es sich um eine Minderheit von rund 20000 Menschen, die – vom grossen Binnensee Femunden in Südnorwegen bis zum Eismeer im Norden – gruppenweise verteilt sind. Ausserhalb der Grenzen Norwegens leben weitere 13000 Lappen, so in Schweden, Finnland und der Sowjetunion.
Obwohl die grosse Mehrzahl der Lappen in einem modernen Staate wie Norwegen lebt, ist sie mit dessen Bevölkerung nur teilweise assimiliert. Ein Zusammentreffen mit diesen eigenartigen Bewohnern des hohen Nordens ist in jedem Falle ein Erlebnis. Wir denken dabei zunächst an die Nomadenlappen, die dauernd ihre Aufenthaltsorte wechseln und mit ihren Rentierherden in den endlosen Hochebenen der Finnmark umherziehen. Auch bei vielen der fest angesiedelten Lappen treffen wir einen Lebensstil, der sich von jenem der andern skandinavischen Völker sichtbar unterscheidet.

Die Rentierlappen. Die norwegischen Lappen können ein Volk der Berge und Fjorde genannt werden. Mit den Bergen am engsten verbunden sind die Rentier- oder Nomadenlappen. Zwar umfassen sie nur 10% der lappischen Bevölkerung Norwegens, doch finden wir sie in allen von Lappen bewohnten Gegenden des Landes. Wir unterscheiden ferner Flusslappen, die an den Binnenseen und Flüssen im Innern der Finnmark leben, sowie Meerlappen, die sich an den Fjorden Finnmarks und in anderen Gebieten des nördlichsten Nordens niedergelassen haben. Die Waldlappen als vierte Gruppe sind vorwiegend in Schweden beheimatet und besitzen ebenfalls Rentierherden, die aber meist kleiner und zahmer sind als die der Nomaden. Die Rentierlappen tragen die charakteristischsten Züge der verschiedenen Lappengruppen Norwegens; von ihnen wird das alte lappische Kulturerbe am besten bewahrt. Ihre Naturverbundenheit ist am grössten, und die Rentierzucht als altes Lappengewerbe hat zur Bewahrung von Sprache und

Kleidung beigetragen. Der Lappe hat Hunderte von Benennungen für das Rentier, die sich auf Geschlecht, Alter, Farbe, Form des Geweihs, Zahmheit und Eigenschaft als Arbeitstier beziehen. Der hochspezialisierte Wortschatz des Lappen erstreckt sich beispielsweise auch auf die vielen Aspekte des Hütens von Rentierherden, auf Übersiedlung und Übersiedlungsrouten, Weiden, Ausrüstung der Rentierhirten, ihre Zelte und Erdhütten. Seine Sprache veranschaulicht die uralte Gemeinschaft des Lappenvolkes mit dem Ren und gibt uns ein Bild von der hohen Stufe, die seine Zuchtmethoden heute erreicht haben.

Kennzeichnend für die Rentierzucht der Gebirgslappen sind die relativ grossen Umsiedlungsdistanzen. Diese Übersiedlung der Rentierherden von Weideplatz zu Weideplatz erfolgt nach einem bestimmten Zyklus, der dem Futterbedarf des Rens während der verschiedenen Jahreszeiten Rechnung trägt. Im Sommer verweilen sie in Gebieten mit reicher Vielfalt an Gras und Kräutern, im Winter dort, wo sich die Tiere durch den Schnee den Zugang zu den Flechten graben können. In Finnmark halten sich die Nomadenlappen mit ihren Rentierherden während des Sommers an der Küste und im Hochgebirge des Landesinnern auf, im Winter in Wäldern oder ihrer nahen Umgebung. In südlicheren Gebieten dagegen befinden sich die besten Winterweiden unweit der Küsten und die Sommerweiden in den Gebirgen nahe der schwedischen Grenze. Maximale Umsiedlungsstrecken von 400 km kommen in Finnmark vor. Auf den folgenden Seiten versuchen wir, das traditionelle Bild einer Nomadenlappenfamilie dieses Landstrichs zu schildern, und zwar in der Zeit, bevor das Motorfahrzeug bei ihnen Einzug hielt.

Die drei wichtigsten «Werkzeuge» der traditionellen Rentierzucht sind der Hüterhund, das Lasso und die Skier. Eine Anzahl kastrierter männlicher Rentiere wird zum Ziehen von Schlitten und Tragen von Lasten verwendet. Für den winterlichen Transport in weglosen Gebieten dient dem Lappen seit alters ein wohlgeeigneter Schlitten. Er ist einkufig und gleicht einem halben Boot; er wird «Geris» genannt und wurde durch die Lappen vermutlich von

Vorfahren der Finnen übernommen. Der Typ variiert je nachdem, ob er als Personen- oder Transportschlitten eingesetzt wird, und seine Spitzform erleichtert das Vorwärtskommen in Wald und Gebüsch. In waldarmen Gegenden hat sich neben der einkufigen lappischen eine zweikufige finnische Schlittenkonstruktion vorzüglich bewährt.
Bei Umsiedlungen war das Lappenzelt unentbehrlich, dessen Gerippe von leichter Bauart ist und im offenen Schlitten gut mitgeführt werden kann. Ausser aufrecht stehenden, geraden Stangen besteht es aus zwei Bogenstangenpaaren, die mit waagrechten Zeltstangen verbunden sind und so grössere Geräumigkeit bieten. Diese Ausführung wurde im Winter von der Lappenfamilie bevorzugt. Die Rentierhirten verwendeten in der Regel das einfachere Zelt mit nur geraden Stangen, das im Sommer zugleich als Familienheim diente und den Vorteil hatte, dass die schweren Bogenstangen bei der Umsiedlung nicht mitgeführt werden mussten.

Beim Betreten des Lappenzeltes erhalten wir den Eindruck einer gewissen Unordnung, die jedoch nur scheinbar ist. In der Tat herrscht strenge Gesetzmässigkeit. Der Boden ist fünfteilig angeordnet und mit Reisig bedeckt. Hinter dem Zelteingang überschreitet der Besucher einen Holzhaufen; es folgt die von Steinen umgebene Feuerstätte, und zuinnerst finden wir den als Küche dienenden Teil mit Geschirr und Kochgeräten. Früher galten dieser Teil und der Platz hinter dem Lappenzelt als heilig und waren mit Tabus belegt. Ein erlegter Bär zum Beispiel wurde stets durch den hinteren, heimlichen Eingang hereingebracht. Zu beiden Seiten der Feuerstätte befinden sich die Sitz- und Schlafplätze, die oft mit Holzstöcken abgegrenzt sind; als Unterlage dienen Rentierfelle. Im Lappenzelt finden wir keine Möbelstücke; dazu ist der Raum zu klein. Ausser den Küchengeräten gibt es einige Kästchen, mitunter eine Kiste. Das Rauchloch befindet sich direkt über der Feuerstätte. Im Winter brennt im Lappenzelt das Feuer während des ganzen Tages, wenn möglich auch in der Nacht. Geht es aus, so sinkt die Temperatur im Zeltinnern nicht selten auf –30 bis –40°C. Bei solchen Tiefstwerten fällt das

Schlafen selbst dem Lappen schwer, obwohl gerade er grosse Kälte und starke Temperaturschwankungen wie kein anderer erträgt.
Die Lappensiedlung besteht in der Regel aus mehreren Familienzelten. Verschiedene Lappenfamilien vereinigen sich nach alter Sitte und arbeiten zusammen; ein solches «Rentierdorf» wird «Siida» genannt. Die Mitglieder dieser Siida wählen einen Führer, den «Siida-Isid» oder das «Rentierdorfoberhaupt». Die Siida ist eine durchaus demokratische Gemeinschaft, und jedem Mitglied steht es frei, sich einer andern Siida seiner Wahl anzuschliessen.
Die Hauptarbeit im Rentierzuchtbetrieb ist das Hüten der Tiere. Seit Generationen nehmen Männer und Frauen daran teil. Dieser Hirtendienst ist besonders im Winter anstrengend und voller Verantwortung. Wird eine Herde von Raubtieren heimgesucht und auseinandergesprengt, so gestaltet sich das Einbringen der verängstigten Tiere oft überaus mühsam. Eine andere Gefahr für das Ren bildet im Winter die Eiskruste, die sich nach Tauwetter über die Weiden legt und das Tier daran hindert, die Flechten zu erreichen. Während ihrer Suche nach Nahrung ist es oft unmöglich, die Rentiere unter Kontrolle zu halten. Die Mitglieder der verschiedenen Rentierdörfer teilen sich in den Hirtendienst, der zeitlich genau festgelegt ist. Im Winter benützen die Hirten Skier; bei Tagesanbruch umfahren sie das Weidegebiet auf der Suche nach Spuren ausgerissener Rentiere, die in jedem Falle wieder eingefangen werden müssen.
Wenn die Weideverhältnisse günstig sind und keine Raubtiere die Gegend unsicher machen, ist der Winter für die Nomadenlappen eine verhältnismässig ruhige Zeit. Mit dem Anbruch des Frühlings im April beginnt für die Lappen ein neues Leben. Mit der Frühjahrsumsiedlung in der zweiten Hälfte dieses Monats setzt die mühevollste Phase im Jahreszyklus des Nomadenlappen ein. Es gilt zunächst, mit den trächtigen Rentierkühen auf dem raschesten Wege die Kalbungsorte zu erreichen. Zu diesem Zeitpunkt beeilen sich die weiblichen Rentiere instinktiv, während sich die männlichen und die Jungtiere mehr Zeit lassen. Bei dem vorherrschenden milden

Wetter ist der Schnee meist nass und schwer; des Nachts gefriert er. Aus diesem Grunde ruhen sie tagsüber und ziehen erst in der Nacht weiter, wodurch Zeit gespart wird und Kräfte geschont werden. Die Etappen sind lang, und Menschen und Tiere sind stark abgekämpft, wenn sie das Ziel erreichen. Der Kalbungsort für Rentiere wird sorgsam ausgewählt und während Jahren ohne Wechsel beibehalten. Er darf Wind und Wetter nicht zu sehr ausgesetzt und von keinerlei Steilhängen umgeben sein, welche für Kleintiere eine Gefahr bedeuten. Gleichzeitig muss dieser Ansiedlungsort in der schwierigsten Übergangszeit zwischen Winter und Sommer Gewähr für ausreichendes Futter bieten.

Das Kalben der Rentiere beginnt in der Regel Anfang Mai. Gleich nach der Geburt wird das Junge von der Mutter trockengeleckt, damit es nicht erfriert. Rasch steht das Kälbchen auf den eigenen Beinen und vermag der Mutter schon nach knapp zwei Stunden zu folgen. Nach wenigen Tagen läuft es bereits schneller als der Mensch. Während des Gebärens müssen die Rentiere nach Möglichkeit sich selbst überlassen bleiben und dürfen nicht erschreckt werden. Die Aufgabe des Hirten besteht in dieser Phase darin, die Tiere aus der Distanz zu beobachten und Gefahren von ihnen fernzuhalten. Bei der Übersiedlung zu den Kalbungsorten benützen die Lappen Schlitten, die mit allem erforderlichen Gepäck beladen sind. Mit vorgespannten Rentieren werden diese zu einer langen Reihe geordnet, die auf lappisch «Raido» heisst. In dieser Raido, innerhalb welcher die verschiedenen Schlittentypen ihren bestimmten Platz einnehmen, wird jedes Rentier an den ihm vorangehenden Schlitten gebunden. Einige Lappenfamilien wählen zum Kalbungsort das Sommerweideland und können ihre Schlitten bis zum Etappenziel fahren; für andere liegen diese Orte nicht im Sommerweidegebiet. Die letzte Wegstrecke der Frühjahrsübersiedlung führt nach der Kalbung meist durch mehr oder weniger apere Gegenden. In diesem Falle werden die Schlitten durch Saumsättel ersetzt; die Rentiere tragen so das Umzugsgut auf ihren Rücken weiter, wobei die Saumlasten gleichmässig auf beide Seiten verteilt werden und nicht mehr als 30–40 kg wiegen dürfen. Bei seiner Ankunft auf der Sommerweide ist das Rentier in der Regel stark abgemagert; doch kräftigt die bekömmliche Nahrung des sommerlichen Weidelandes die Tiere in kurzer Zeit und gestattet ihrem Körper die Aufnahme der erforderlichen Kalorienreserve für den harten Winter mit seinem einseitigen Flechtenfutter. Das Rentier wird heute mehr und mehr vom Ziehen der Schlitten befreit. An seine Stelle treten des öftern die Motorschlitten, die ganz allgemein auch auf der Weide eingesetzt werden. Es ist sehr wahrscheinlich, dass der alte Brauch, das Rentier als Zugkraft zu gebrauchen, früher oder später ganz verschwinden wird.

Der Arbeitsaufwand des Lappen für die Rentiere ist unterschiedlich und vor allem abhängig davon, ob er sich im Gebirge des Landesinnern oder an den Küsten des Meeres aufhält. Im Innern des Landes gibt es weniger natürliche Hindernisse, durch welche die Herden zusammengehalten werden. So bleiben die Tiere Tag und Nacht unter seiner Aufsicht. Auf Inseln und Halbinseln fällt diese Aufgabe infolge der Begrenzung durch das Meer dahin; auf Halbinseln werden heute vielerorts Zäune errichtet, die das Ren am Ausbrechen in fremdes Weideland hindern. Zur Bezeichnung ihres Eigentums markieren die Lappen die Ohren der Tiere. Jeder Rentierbesitzer hat sein eigenes, behördlich registriertes Zeichen. Diese Markierung besteht aus verschiedenen Einschnitten mit besonderen Namen. Zur deutlicheren Kennzeichnung werden diese Schnitte kombiniert. Da die Tiere an beiden Ohren markiert werden, sind die Markierungsvarianten der einzelnen Lappen überaus zahlreich. Auf Grund gewisser Anhaltspunkte wie Haarfarbe und Form der Geweihe besitzt der Nomadenlappe eine grosse Fähigkeit, aus einer Herde von mehreren hundert Tieren seine eigenen rasch wiederzuerkennen. Das Rentier wird als Kalb markiert.

Früher erfolgte das Melken der Rentierkühe ebenfalls im Sommer. Die starke Entwicklung der Rentierzucht mit den grösser werdenden Herden zwingt jedoch die Lappen zu einer Einschränkung der Melktätigkeit; die meisten Züchter haben sie sogar aufgegeben. Deshalb ist heute das Rentier weniger zahm als früher. Der Ertrag an Rentiermilch ist unbedeutend; doch

 ist diese sehr fett und hat hohen Nährgehalt. Sie wurde in kleinen Schalen aus Wurzelgeflecht und in ornamentverzierten Holzformen zu Käse verarbeitet. Dieser Rentierkäse diente den Lappen für den Eigenbedarf oder als Tauschmittel zur Beschaffung unentbehrlicher Waren, die sie nicht in der Siida herstellen konnten.

Zu den Obliegenheiten des Lappen im Sommerhalbjahr gehört auch das Kastrieren der männlichen Rentiere. Dieser Eingriff erfolgt aus verschiedenen Gründen. Zunächst sichert man sich dadurch fette Schlachttiere; denn die unkastrierten Rentiere magern während der Brunstzeit im Herbst stark ab. Durch die Kastration wird ferner eine Zuchtwahl getroffen, wobei die kräftigsten Böcke verschont bleiben. Schliesslich ziehen die Lappen auf diese Weise Arbeitstiere heran, indem eine Anzahl Ochsen gezähmt werden. Die Kastrierung wurde früher durch Zerkauen der Testikel vorgenommen, was praktisch keine Infektion zur Folge hatte. Diese offenbar sehr alte Methode war auch bei andern Völkern mit Rentierzucht üblich und wurde in neuerer Zeit verboten. Heute werden die Tiere mit der Zange kastriert.

Im Spätsommer beginnen die Lappen mit dem Zusammentreiben ihrer Tiere für die Herbstumsiedlung. Es geschieht sehr oft, dass diese sich im Laufe des Sommers mit Rentieren anderer Gemeinschaften vermischen; deshalb müssen Ausscheidungen vorgenommen werden. Dabei treiben die Lappen ihre Herde an einen bestimmten Ort, wo die Fremdtiere mit Lassos eingefangen und ihrer Stammherde zurückgegeben werden. Solche Ausscheidungen müssen in zeitlich kurzen Intervallen wiederholt werden.

Gegen Ende des Sommers beginnen die Rentiere Fett anzusetzen, und die Schlachtzeit beginnt. Die Schlachtungen erfolgen zu wiederholten Malen im Herbst und richten sich umfangmässig nach dem jeweiligen Bedarf der Züchter. Bei dieser Herbstschlachtung wird auch die Fleischreserve für den Nachwinter und das Frühjahr angelegt; denn die Rentiere verlieren im Verlaufe des Winters so sehr an Gewicht, dass sich ein Schlachten im Frühling nicht lohnt.

Die Umsiedlung beginnt im September. Etappenweise ziehen sich die Rentierdörfer ins Winterweideland zurück. Die Brunstzeit der Tiere setzt Mitte des Monats ein; bis zur Beendigung der Paarungsperiode unterbrechen die Lappen die Übersiedlung für die Dauer einiger Wochen. Nach der Paarungszeit setzen sie die Wanderung fort und erreichen ihre Winterquartiere kurz vor oder nach Weihnachten.

Früher spendete das Rentier der Lappenfamilie fast alles, was sie zu ihrem Lebensunterhalt benötigte. Das ganze Tier fand Verwertung: Fleisch, Talg, Blut, Eingeweide und Markknochen dienten als Nahrung, während das Fell zu Kleidern verarbeitet und Nähfaden durch Ausfasern und Zusammenzwirnen von Sehnen gewonnen wurde. Aus Horn und Knochen wurden Geräte wie Lassoringe, Löffel, Nadelbüchsen und Ahlen verfertigt. Als zusätzliche Nahrung dienten Fische, Beeren und Kräuter. Mehl, Salz, Zucker, Tabak und Textilien tauschten die Lappen bei Bauern oder Kaufleuten gegen Rentierfleisch, Rentierkäse und Rentierfelle ein. In grösserem Umfange als heute wurden früher Pelztierfelle gegen andere Gebrauchsgüter umgetauscht. Auch bei den Gebirgslappen hat in neuerer Zeit der Geldhaushalt den Tauschhandel ersetzt und damit ihre Lebensweise weitgehend verändert. Strassen wurden gebaut, die bis zu den Lappenzentren Kautokeino, Karasjok und Polmak führen. Hier befinden sich auch die vom Staate errichteten Schlachthäuser und Kühlanlagen. In schweren Lastautos wird das Fleisch zur Küste oder via Inlandstrassen zu den grossen Marktzentren Südnorwegens gefahren. Die Lebensweise der Lappen ist heute viel anspruchsvoller als noch vor wenigen Jahren. Motorräder und Autos finden auch bei ihnen zahlreiche Abnehmer, und beinahe jede Lappenfamilie besitzt ein Radio. Auch in bezug auf Kleidung stellen wir bei den Lappen deutliche Änderungen fest, und vor allem im Sommer unterscheiden sich äusserlich viele Lappen in keiner Weise mehr von ihren skandinavischen Nachbarn.

Was ihre Wohnkultur betrifft, so sind die Ansprüche der Lappen ebenfalls gestiegen. Viele Nomadenlappen bauen sich in der Nähe von Schule und Kirche ein Haus als feste Wohnstätte für ihre Familie im Winter, während sie selbst oder bezahlte Hirten mit der Rentierherde umherziehen. Wenn im Frühjahr die Schulferien der Kinder beginnen, begibt sich oft die ganze

Lappenfamilie nach dem Sommerweideland. Hier bewohnen sie nach wie vor Zelte oder Torfhütten, doch sind auch in ihrem Sommergebiet bereits Häuser zu sehen.
Die lappischen Rentierzüchter Norwegens sind heute in einer Berufsorganisation zusammengeschlossen und bilden eine Gewerkschaft wie alle übrigen Erwerbsgruppen des Landes. Diese Organisation hat sich um die Interessen ihrer Mitglieder bereits sehr verdient gemacht.

Die Flusslappen. Diese Lappengruppe hat sich vor allem in der Nähe von Flüssen und Seen im Innern Finnmarkens angesiedelt. Landwirtschaft und Fischfang sind ihr Hauptgewerbe; auch treiben sie Jagd, fällen Holz und sammeln Beeren. Vereinzelt wandten sie sich dem Transportwesen zu. Früher waren ihre Haupteinnahmequellen der Fischfang und die Jagd, während der Ackerbau Nebenerwerb blieb. Landwirtschaft wurde bis zum Zweiten Weltkrieg mit primitiven Mitteln betrieben und Viehfutter mit selbstverfertigten Geräten aus dem Moorland und von den Naturwiesen beschafft. Nach dem Kriege setzte eine rasche Entwicklung der Landwirtschaft ein dank besseren Wegverbindungen und dem Ausbau des Schulwesens in Finnmark. An die Stelle der kriegszerstörten kleinen Holzhäuser und Erdhütten traten moderne Wohnungen und Betriebsgebäude. Die behördliche Unterstützung bei der Urbarmachung des Bodens führte zu grosser Ausdehnung der bebauten Flächen. Gleichzeitig setzte die Mechanisierung auf dem landwirtschaftlichen Sektor ein; Mähmaschinen und Traktoren gehören heute zum Alltagsbild. Von grosser Bedeutung für die Lappen war die Errichtung von Molkereien in Küstengebieten, wo das ausgebaute Strassennetz ihnen den Absatz der Milch und Milchprodukte gestattete. In Karasjok wird die Milch heute in einer grossen Molkerei in Kistrand verkauft, was ihre Erzeugung ausserordentlich erhöhte. Die Flusslappen sprechen heute noch vorwiegend lappisch, doch vollzieht sich eine viel raschere Aufnahme der norwegischen Sprache und Lebensweise als bei den Nomadenlappen.

Die Meerlappen. Was für die Angleichung der Flusslappen an die norwegischen Lebensformen gilt, trifft ganz besonders auf das Volk der Meerlappen zu. An vielen Orten haben sie ihre eigene Sprache und die Lappentracht aufgegeben. Auf fast allen Gebieten sind sie zur norwegischen Lebensweise übergegangen.

Das Hauptgewerbe der Meerlappen ist der Fischfang, in geringerem Masse auch die Landwirtschaft. Die Meerlappen waren früher Halbnomaden, und ihre Erwerbsgrundlagen waren vielseitiger als jene ihrer norwegischen Nachbarn, die hauptsächlich vom Fischfang lebten. Während sich die Norweger gewöhnlich an Fjordmündungen und auf Inseln niederliessen, bewohnten die Lappen das Innere der Fjorde und besassen kleine Rentierherden. Im 18. Jahrhundert entwickelte sich für die Meerlappen ein vorteilhafter Tauschhandel mit russischen Schiffern, die Waren vom Gebiet des Weissen Meeres heranbrachten. Dieser sogenannte Pomorenhandel dauerte bis zum Ausbruch der Russischen Revolution im Jahre 1917. Durch diesen plötzlichen Abbruch entstand für die Meerlappen eine schwierige Lage. Sie sahen sich nun ohne geeignete Hilfsmittel einer starken Konkurrenz norwegischer Berufsfischer gegenüber. Diese Zeit des Übergangs war für die Meerlappenbevölkerung hart und reich an Entbehrungen; an vielen Küstenorten entstand ein Lappenproletariat. Heute hat sich das Meerlappenvolk von dieser herben Prüfung erholt und verfügt bereits weitgehend über moderne Fischereiausrüstungen. Im Zuge des Mechanisierungsprozesses war auch die Landwirtschaft grosse Nutzniesserin. Neuerdings sind viele der jungen Meerlappen in der Industrie und der Schiffahrt beschäftigt.

Herkunft und Sprache. Nach dieser Übersicht über die Lappengruppen Norwegens wenden wir uns kurz ihrer Geschichte zu. Die Fragen nach ihrer Herkunft, ihrer Rasse und ihrer sprachlichen Zugehörigkeit sind jedoch nicht alle leicht zu beantworten und bilden auch heute noch Anlass zu wissenschaftlichen Kontroversen. Der Körperbau des Lappen besitzt rassenmässig
 charakteristische Merkmale, die in erster Linie die Schädelform und die

ausserordentlich kleine Statur betreffen. Auch seine Blutgruppe ist besonderer Art. Diese physiologischen Charakteristika werden auf verschiedene Weise zu erklären versucht.
Grössere Einigkeit herrscht über die Fragen der früheren Wohnstätten und der Lappenkultur. Besonders auf Grund der Lappensprache sind genauere Aussagen erlaubt. Die lappische Sprache gehört zur finnisch-ugrischen Sprachfamilie; zwei ihrer bekanntesten Glieder sind die ostseefinnische und die ungarische Sprache. Mit dem Lappischen am nächsten verwandt ist das Ostseefinnische; diese beiden Sprachgruppen lassen eine gemeinsame Grundform erkennen. Die finnisch-ugrische Sprachfamilie ihrerseits ist mit den samojedischen Sprachen verwandt und bildet mit diesen die noch grössere Einheit der uralischen Sprachen.

Da der Körperbau der Lappen und der Finnen sich so sehr voneinander unterscheidet, wurde angenommen, die Lappen hätten in früherer Zeit ihre eigene Sprache gegen die der finnischen Vorfahren ausgetauscht. Es steht fest, dass die Lappen in früher urfinnischer Zeit mit den Vorfahren der Ostseefinnen in engem Kontakt gelebt haben. Auf ihrer Wanderung westlich der Wolgagebiete haben die Finnen gegen Ende der Bronzezeit die Ostsee erreicht. Hier trafen sie auf die Vorfahren der Litauer und der Letten. Diesen entliehen sie eine Anzahl Wörter, von denen die Lappen einige von den Finnen übernahmen. Die lappische Form dieser Wörter lässt auf eine «Adoption» in früher urfinnischer Zeit schliessen. Einige Lappen müssen demnach in dieser Epoche in Gebieten der inneren Ostsee und des Ladogasees – also ziemlich weit südlich – gelebt haben. Zu welcher Zeit die Lappen nach Skandinavien kamen, kann nicht mit Bestimmtheit gesagt werden, weil die sprachlichen Grundlagen fehlen. Zahlreiche echt lappische Bezeichnungen von Seehundarten lassen annehmen, dass die Ansiedlung von Lappen unweit des Eismeeres sehr alt ist. Auch archäologische Funde an den Küsten von Finnmark und Kola, die aus der Bronzezeit stammen, werden den Lappen zugeschrieben.

Die Südgrenze des grossen Ausbreitungsgebietes der Lappen im Verlaufe der Bronzezeit verschob sich später immer mehr nach Norden und beruhte grossenteils auf einer Expansion der Ostseefinnen in nördlicher Richtung. Es scheint, dass die Lappen schon vor der Wikingerzeit in Südwestfinnland verschwunden waren. Am Ladogasee waren sie bis ins 14. Jahrhundert anzutreffen, während sie im südlichen Ostfinnland noch im 17. Jahrhundert angesiedelt blieben. Zu Beginn des 19. Jahrhunderts waren die Lappen endgültig nach Nordfinnland zurückgedrängt. Es ist durchaus möglich, dass in vorhistorischer Zeit auch Südnorwegen von Lappen bewohnt war.

Altlappischer Erwerb – Haustiere und Bootsbau. Die Lappen waren ursprünglich ein Volk von Jägern und Fischern; dies geht aus dem lappischen Wortschatz hervor. Sämtliche alten Wörter, die sich auf die Landwirtschaft und das Halten von Haustieren beziehen, sind nordischen Ursprungs. Echt lappisch sind dagegen viele alte Wörter aus den Bereichen der Jagd und des Fischfangs, so Bezeichnungen für Pfeil, Bogen, Speer, Schlinge, Lasso und Fischharpune. Auch das Boot hat einen alten lappischen Namen, ebenso der Hund als ursprünglich einziges Haustier der Lappen. Das wichtigste Jagdtier der alten Jägerlappen war das wilde Ren. Wie alt die Rentierjagd war, geht aus dem Umstand hervor, dass die Fangmethoden der Lappen und der Samojeden zum Teil dieselben sind.

Bei ihrem Vordringen entlang der norwegischen Küste in südlicher Richtung trafen die Lappen mit skandinavischen Ackerbauern zusammen, die aus dem südwestlichen Norwegen eingewandert waren. Von ihnen übernahmen sie nebst den einfachen Landbaugeräten auch deren Haustiere, selbst die Katze. Dieser Kontakt muss vor der Wikingerepoche in urnordischer Zeit stattgefunden haben. Der lappisch-skandinavischen Begegnung ist die Verbreitung der Landwirtschaft und das Halten von Haustieren in den Lappengebieten längs der Küste bis Varanger zuzuschreiben. Die Norweger waren auch Lehrmeister der Lappen im Bau neuer Bootstypen. Für die Lappen der waldreichen Gebiete im Innern der Fjorde waren die Erkenntnisse in der

Konstruktion von Schiffen wirtschaftlich von grosser Bedeutung. Im Laufe vieler Jahrhunderte haben sie sich zu hervorragenden Schiffsbauern entwickelt und während dieser langen Zeit Schiffe für ganz Nordnorwegen geliefert. Dadurch entstand ein kultureller Unterschied zwischen diesen Lappen und ihren nördlichen Artverwandten, die noch lange halbnomadische Jäger und Fischer blieben.

Die «Besteuerung» der Lappen. Früh schon lebten die Lappen in einem Verhältnis der Abhängigkeit von ihren nordischen Nachbarn, die zahlreicher, besser bewaffnet und besser organisiert waren. Als sich ihre Nachbarn eine Kontrolle über die Lappenbevölkerung sicherten, waren ihre Hauptmotive wirtschaftlicher Art. Die Lappen waren als tüchtige Jäger bekannt und wohnten in pelztierreichen Gebieten. Der Pelz als Handelsware war schon in vorhistorischer Zeit kostbar. Wie archäologische Funde zeigen, reichte der Tauschhandel mit Pelzen zwischen Lappen, Finnen und Skandinaviern weit in die Bronzezeit zurück. Dieser Handel war in der Folge Ursache einer «Besteuerung» der Lappen. Steuereinnehmer teilten die Lappengebiete unter sich auf und erhoben Naturalsteuern in Form von Pelzen. Diese sogenannte Finnensteuer erstreckte sich in Nordnorwegen bald auch auf andere Produkte.

Die norwegischen Könige scheinen schon vor dem 11. Jahrhundert die Besteuerung der Lappen bis nach Kola ausgedehnt zu haben. In Finnmark trafen die Steuereinzieher Norwegens, Schwedens, Finnlands und Russlands zusammen, so dass sie zum umstrittenen Gebiet wurde. Mit der zunehmenden staatlichen Besteuerung der Lappen wurde diese von den betreffenden Staaten immer mehr zur Grundlage territorialer Ansprüche auf lappische Gebiete gemacht. An einzelnen Orten hatten die Lappen zugleich an drei verschiedene Reiche Steuern zu entrichten, da die Staatsgrenzen noch nicht endgültig gezogen waren. Zwischen Norwegen und Schweden wurden Grenzbereinigungen erst 1751 vorgenommen, zwischen Norwegen und Russland im Jahre 1826.

Gesellschaftliche Ordnung und Familie. Unter so schwierigen äusseren Verhältnissen gelang es den Lappen nicht, einen eigenen Staat zu bilden. Wohl berichten alte Quellen von Lappenkönigen; doch wird es kaum je wirkliche Könige gegeben haben. Ungeachtet des Druckes seitens ihrer Nachbarn vermochten die Lappen eine beachtenswerte Form gesellschaftlicher Ordnung zu entwickeln: das Lappendorf «Siida». Reste dieser Institution leben bei den Nomadenlappen fort. Sie ist aber älter als die Rentierzucht und reicht in die Zeit der reinen Jäger- und Fischerkultur zurück. Ursprünglich war die Siida ein Kollektiv von Jägern und Fischern zur Regelung ihrer Jagd- und Fischereirechte. Zugleich förderte sie die Zusammenarbeit innerhalb der Gemeinschaft und schützte Jagdgebiete und Fischereigewässer vor Überbesteuerung. Die Ordnung der Siida lag auch im Interesse der Steuereinnehmer und des Handels; sie durfte ihre Funktion so lange ausüben, als sie der einsetzenden Kolonisierung nicht abträglich war. Bei den Skolt-Lappen Russlands haben sich bis in die Neuzeit interessante Siida-Formen erhalten. So war im Petsamo-Gebiet die Lappenbevölkerung in drei Siidas aufgeteilt, jede bestimmten Flüssen zugeordnet. Der Vorstand einer solchen Siida setzte sich aus je einem Mitglied der ihr zugehörenden Familien zusammen, entschied über die Aufnahme neuer Mitglieder und wahrte die Interessen der Siida gegenüber ihren Nachbarn.

In der Gruppe herrschte ferner der Geist gegenseitiger Rücksichtnahme; niemand sollte innerhalb der Siida Not leiden, und die Güter wurden nach dem Prinzip der Gerechtigkeit verteilt. Wem es an Notwendigem gebrach, hatte Recht auf Hilfe durch die andern. Nach ungeschriebenem Gesetze gehört die Jagd dem Manne, während Pelzzurichtung und Nähen von Kleidern der Frau obliegen. Das Fleisch eben geschlachteter Tiere wird nach alter Lappensitte vom Manne gekocht; dieser Brauch beruht auf gewissen Tabus bei der Jagd. Am Fischfang und am Hirtendienst nahm die Frau seit alters teil; und obwohl der Mann den Rentierbetrieb führt, hört er auch in dieser Hinsicht auf den Rat seiner Frau. Ihre Stellung in der Lappenfamilie ist geachtet und selbständig; auch nimmt sie gewöhnlich an finan-

ziellen Beratungen teil. Das Verhältnis der Eltern zu ihren Kindern ist herzlich; Lappenkinder werden nur selten oder überhaupt nicht geschlagen.
Die alten Bräuche der Lappen bei Verlobung und Heirat waren mit wirtschaftlichen Überlegungen verbunden, die auch heute noch eine gewisse, wenn auch nicht ausschlaggebende Rolle spielen. Der Freier musste den Eltern der Braut und deren Verwandten Gaben überreichen. Annahme oder Abweisung des Bräutigams lag vor allem im Ermessen der Brautmutter. Die Art des Freiens vollzog sich in feierlichem Rahmen; gewisse zeremonielle Formen blieben bis heute erhalten. Auf seiner Fahrt zum Heim des Mädchens nahm der Bräutigam einen oder mehrere Fürsprecher mit, das heisst Personen, die bei den Brauteltern Fürsprache für ihn einzulegen hatten. Oft kam es dabei zu lebhaften Debatten zwischen den beiden Parteien, wobei versucht wurde, die Eigenschaften der künftigen Partner in besonders günstigem Lichte erscheinen zu lassen. Seitens der Brauteltern wurde nach einem materiell möglichst vorteilhaften Abkommen getrachtet. Früher bestand ein Teil des Brautpreises auch in der Verpflichtung des Bräutigams, nach der Heirat während bestimmter Zeit bei seinen Schwiegereltern zu wohnen und Arbeit für sie zu verrichten. Die Partnerwahl wurde auch auf dem Wege des komplizierten Verwandtschaftssystems geregelt. Heute ist dieser Brauch nur noch vereinzelt anzutreffen, wobei man sich auf die Einordnung in Altersklassen stützt.

Wohnung und Lappenkleidung. Im Zusammenhang mit dem Zelt des Nomadenlappen, das wir bereits kennen, verdienen auch die torfgedeckten Erdhütten der Lappen eine kurze Betrachtung. Früher waren sie die gewöhnlichen Wohnhäuser der besonders in Küstengebieten fest angesiedelten Lappen. Auch die Nomaden besassen auf ihren Sommerweiden Erdhütten, und wir finden sie ebenfalls bei den Fischereigewässern im Innern des Landes. Das Skelett der Erdhütte besteht aus Holz, das mit Rinde bedeckt wird; die Aussenseite wird bis zum Dach mit Torf bedeckt. Bei der Holzkonstruktion findet man die gleichen Haupttypen wie beim Zelt. Anstelle der Zeltstangen werden hier dicht nebeneinanderstehende Holzstöcke oder Bretter verwendet. Je nach Bauart ergibt sich so eine kuppelförmige oder konische Erdhütte. Die sogenannte Norwegerhütte als dritter Typ wird ebenfalls gebaut: eine herkömmliche Hausform nach Norwegerart mit lotrechten Wänden und Dachsparren; das torfbedeckte Schrägdach ist annähernd pyramidenförmig.

Mit seiner Tracht richtet sich der Lappe nach den Gegebenheiten der Natur. Die Wintertracht ist ein ausgezeichneter Kälteschutz. Aussenpelz, Hosen und Schuhwerk sind aus Rentierfell, dessen Pelz nach aussen getragen wird. Die Unterkleider bestehen vor allem aus Stoff. Früher trugen die Lappen einen Innenpelz aus geschmeidigem Rentierkalb- oder Schaffell. In die biegsamen Fellschuhe wird Heu zur Absorbierung der Feuchtigkeit und gleichmässigen Warmhaltung gelegt. Sowohl Winter- als Sommerschuhe haben eine nach oben gebogene Spitze. Die Spitze des Winterschuhs liegt beim Skilaufen unter dem Zehenriemen des Skis und verhindert dessen Abgleiten. Für die Sommertracht wird gegerbtes, enthaartes Rentierleder verwendet. Das heute nur noch am Tysfjord von älteren Leuten getragene Wams ist ebenfalls aus Leder. Heute wird für das Sommerwams Stoff bevorzugt: für die einfachere Ausführung Loden, für die feinere Tuch. Das Männerwams ist kürzer als das der Frau und hat im Gegensatz zu letzterem einen hochstehenden Kragen.

Wasserdichtes Schuhwerk ist im Sommer unerlässlich, deshalb werden die gegerbten Lederschuhe mit Teer und Fett eingerieben. Mit Lederhosen angetan, können die Lappen durch Moore und Flüsse schreiten, ohne nass zu werden. Die Kopfbedeckung ist von Gebiet zu Gebiet verschieden, und sie zeigt an, woher der Lappe stammt. In Finnmark ist die Männermütze sternförmig und hat vier Zipfel, die Frauenmütze sitzt vorne fest auf, hinten hat sie die Form einer Tasche, und ihre Ohrzipfel hängen herab. In den südlichen Gebieten des Landes gleicht die Kopfbedeckung von Mann und Frau einer Zipfelmütze und ist meist mit Zinnfadenstickereien versehen.
 Die Lappentracht ist vielerorts bereits verschwunden, so vor allem in

Küstengebieten, wo die Assimilierung an die norwegische Lebensweise am meisten fortgeschritten ist. An andern Orten dient sie als eine Art Festtracht, und ihr Fortbestehen ist insofern gesichert. Die Nomadenlappen werden ihre Wintertracht nicht aufgeben; bei grosser Kälte ist sie jeder andern Bekleidungsart überlegen.

Religiöse Vorstellungswelt. Die Lebensanschauung der alten Lappen beruhte auf der urtümlichen Vorstellung, dass alle Dinge mit Kraft erfüllt sind. Nach ihrem Glauben war die Natur voller Mächte, die je nach des Menschen Verhalten gut oder böse waren. Diese Mächte bestimmten das Leben des Menschen und den Lauf der Welt. Unter diesen Mächten spielten die Vorfahren der Lappen eine wichtige Rolle. Sie wohnten nach lappischem Glauben in bestimmten Bergen, die von den Familien verehrt wurden und wie eine Art Besitz durch Vererbung in der Familie verblieben. Verehrung widerfuhr auch Himmelskörpern und Naturkräften. Der tägliche Kult bezog sich auf die sogenannten Sieiden, das heisst Steine oder andere Dinge in der Natur, die durch eigentümliche Form Aufmerksamkeit erweckten. Das Lappenvolk schrieb diesen Gegenständen starke Kräfte zu und brachte ihnen Opfer dar, um sich Jagd- und Fischglück zu sichern. Während jede Familie ihre eigenen Kultgegenstände verehrte, besass die Siida als gemeinsames Heiligtum einen Sieiden, der grösser war als die andern und eine überragende Stellung einnahm. Der in allen arktischen Gebieten verbreitete Bärenkult war eine gemeinsame Angelegenheit des Lappendorfes. Die Verehrung des Bären beruhte auf der Vorstellung von einer besonderen Klugheit und Gefährlichkeit des Tieres, das aufrecht gehen kann und so dem Menschen gleicht. Als Mittler zwischen den Menschen und den unsichtbaren Mächten walteten nach altem Lappenglauben die Noaiden, welche durch die Ekstase in Verbindung mit der andern Welt zu treten vermochten. Diese Glaubensform herrschte in den arktischen und subarktischen Gebieten vor; nach dem sibirischen Ausdruck «Schaman» für «Noaide» wird sie auch als schamanistisch bezeichnet. Das wichtigste Instrument der Schamanen bzw.

Noaiden war die Trommel. Wenn zum Beispiel eine schwere Krankheit die Anrufung der Mächte notwendig machte, versammelte sich das Volk um den Noaiden, der auf die Trommel einschlug, bis er in Ohnmacht fiel. Dies war der Augenblick, da die Seele des Noaiden seinen Körper verliess und sich in die andere Welt begab, um Rat und Hilfe zu holen. Auf dieser gefährlichen Reise wurde er von mehreren Hilfsgeistern begleitet.

Als sich der Schamanismus in späterer Zeit auflöste, wurde die Trommel zum Weissagungsinstrument. Das Trommelfell war mit Symbolfiguren bemalt; legte man ein Metallstück auf das Fell, dann bezog sich die Weissagung auf die Figur, auf welche sich das Metallteilchen beim Trommeln legte. Die ekstatischen Phänomene machten einen starken Eindruck auf die Nachbarvölker der Lappen, und es liegen viele phantastische Aussagen über die Fähigkeit des Lappen vor, gleichzeitig an zwei verschiedenen Orten zu sein. Sie wurden als gefährliche Zauberer betrachtet, und es entstanden die wunderlichsten Vorstellungen über ihre Zauberei. Diese Vorstellungen hatten für das Lappenvolk im übrigen gewisse Vorteile; denn ungern liessen sich Neuansiedler in ihrer Nähe nieder.

Das Christentum musste für die Lappen als völlige Abkehr von ihrer alten Religion erscheinen, die so eng mit der Natur, von der sie abhingen, verbunden war. Erst im 18. Jahrhundert setzte mit dem Pietismus die wirkliche Missionstätigkeit ein. Bahnbrechend war der norwegische Priester Thomas von Westen, den man auch Apostel der Lappen nennt. Von seinem Wirken inspiriert, folgte im gleichen Jahrhundert Schweden seinem Beispiel. Um die Mitte des 19. Jahrhunderts erfolgte eine eigentümliche neue Lappenerwekkung, der Laestadianismus. Diese religiöse Bewegung erhielt ihren Namen nach dem schwedischen Pfarrer Lars Levi Laestadius, einer der merkwürdigsten Gestalten in der Geschichte der nordischen Kirche.

Lappenkunst und Ornamentik. Die Lappen sind von aufgewecktem, lebhaftem Gemüt und besitzen zum Beispiel einen ausgeprägten Sinn für die Kunst der Ornamentik, wie sie auf Holz, Horn und Textilien ihren Ausdruck

findet. Wie die Ausschmückung der Tracht beweist, ist auch ihr Farbensinn gut entwickelt. Wie schon erwähnt, kann man auch von einer älteren lappischen Malkunst sprechen, nämlich im Hinblick auf die primitiven symbolischen Figuren auf den Zaubertrommeln. Diese wurden mit roter, aus gekauter Erlenrinde gewonnener Farbe gemalt. Motive waren das Lappendorf, der Lappenberuf, Natur und Religion, ferner Rentiere, Elche, Bären, Biber, Waldvögel und Fische. Mit der Verurteilung des Schamanismus durch die Missionare und der damit einhergehenden Verbrennung der Zaubertrommeln wurde auch mit der Tradition der Malerei gebrochen, wie sie auf letzteren zum Ausdruck kam.
Von den modernen lappischen Künstlern seien John Savio aus Finnmark und Nils Skum aus Schweden erwähnt. Der in jungen Jahren verstorbene Savio studierte an der Kunstakademie in Oslo und pflegte neben der Malerei mit grosser Könnerschaft den Holzschnitt. Treffend charakterisierten seine Bilder Rentier, Hund und Wolf. Nils Skum war ein naiver Künstler ohne akademische Vorbildung. Seine Hauptthemen waren Rentiere und Gebirge, wobei er mit einfachsten Mitteln Bilder faszinierender Schönheit schuf. In der Tierdarstellung, vor allem grosser Rentierherden in erhabener landschaftlicher Szenerie, war er unerreicht.
Die Ornamentik der Lappen war von vielen Seiten beeinflusst, doch bewahrte sie gleichermassen ihr lappisches Gepräge. Die Detailwiedergabe ist nach Gebieten verschieden, und qualitativ bestehen Unterschiede; doch erreichen die besten Werke eine beachtliche Stufe. Die Lappen des Nordens treten besonders durch die Schönheit geflochtener und gewobener Verzierungen hervor, die des Südens erzielen in der Kunst dekorativer Handfertigkeit auf Holz, Horn und Knochen nennenswerte Leistungen. An sich ist die Lappenornamentik vor allem geometrischer Art, zum Teil weist sie auch Blumenmotive auf. Auch finden sich naturalistische Darstellungen von Mensch und Tier. Die Lappen in südlichen Gebieten besitzen eine besondere Fertigkeit in der Zinnfadenstickerei, einer Nachahmung der Gold- und Silberfadenstickerei ihrer skandinavischen Nachbarn.

Musik, Folklore, Dichtung. Erstaunlicherweise haben die Lappen nie ein eigenes Musikinstrument besessen, wenn wir von der Trommel und einer Flöte aus hohlen Pflanzenstengeln absehen. Die Musik der Lappen war der Gesang; ihre alten Lieder waren offenbar religiösen und magischen Inhalts. Norwegisch und schwedisch bezeichnet man den Lappengesang mit «Joik», einer Ableitung des lappischen «juoigat» für «singen».
Der Ursprung des «Joik» geht auf die frühe Vorzeit zurück; in ihm dominieren Rhythmus und Melodie. Vielfach sind im Lappenlied Füllwörter wie la-la, valla, lo-lo und na-na enthalten. In Pite Lappmark bestehen einzelne Lieder nur aus solchen Silben; sie werden zum Beispiel von Rentierhirten gesungen, um die Herde zu beruhigen und den Wolf fernzuhalten. Viele Joiks sind imitierender Art; dabei werden durch Rhythmus und Melodie Menschensprache, Tierlaute, Windesrauschen und Sturmesbrausen wiedergegeben. Dieses Leitmotiv wird oft von sehr kurzen Texten begleitet, die ad libitum wiederholt werden. In Finnmark zum Beispiel herrscht diese Gesangsform vor. Nicht selten ist der Text des Lappengesangs satirisch und bezieht sich auf unglückliche oder groteske, mitunter erotische Episoden im Leben eines Menschen. Eine Person kann mit Wendungen wie «Lächeln des Engels, aber Gemüt des Fuchses» charakterisiert werden. Kurze Joiks sind oft emotionell hervorgerufene Stimmungsbilder und Improvisationen. Es kommt vor, dass der Rentierhirte beim Anblick seiner Herde oder einer grünen Weide spontan zu singen beginnt. Epische Joiks werden auch in verschiedenen Distrikten gesungen.

Die Lappen besitzen einen reichen Schatz an Sagen und Märchen, wobei die Grenze zwischen diesen beiden Überlieferungsformen oft nicht leicht zu ziehen ist. J. Qvigstad nimmt folgende Gruppierung vor: Tierfabeln, Märchen mit überirdischen Motiven, Märchen von dem dummen Riesen und Schwänke. Bei den Tierfabeln stehen der Bär, der Wolf und der Fuchs im Vordergrund; Fabeln des Rentiers sind viel seltener. Alle Gruppen enthalten viele internationale Wandermotive. Ein beliebtes Märchenmotiv ist die

Überlistung des dummen Riesen Stallo durch die Lappen. In einem dieser Märchen erkennt man das Polyphem-Motiv (vgl. S. 171f.).
Zahlreiche Sagen haben auch die harte Besteuerung der Lappen durch ihre Nachbarvölker zum Inhalt. Dabei wird stets die List hervorgehoben, mit der sich die Lappen diesen Unterdrückern entziehen. Lappische Heldengestalten wie Bäive-Olav und Laurukasch besiegen den Feind auch in offenem Kampfe. Im lappischen Sagentum ist auch viel von den Tschuden die Rede, einem alten Sammelbegriff für bestimmte finnische Volksstämme, die harte Steuern fordern und die Lappen ausbeuten.
Häufig kehren in den Sagen auch die Schamanen – die Noaiden – mit ihren magischen Kräften wieder. Vor ihnen fürchtete sich selbst Stallo; denn meistens blieben sie im Kampfe durch ihre unerreichte Zauberkunst siegreich. Vereinzelt stossen wir in alten Sagen auf den Glaubenskampf der Lappen mit dem Christentum. Die lappische Literatur ist umfangmässig nicht sehr reichhaltig. Ein begabter Dichter war Pedar Jalvi von Utsjok im Tanatal, der jung starb. Seine Gedichtsammlung war klein, doch haben sie die Lappen in ihr Herz geschlossen. Ein anderer lappischer Schriftsteller war Matti Aikio von Karasjok, der norwegisch schrieb. Seine Romane geben in ergreifender Weise die Einsamkeit des Lappen in fremdem Kulturraume wieder.

Zukunft und Lappenkultur. Wenn wir das Lappenvolk zahlenmässig betrachten und die periodisch erfolgten kulturellen Assimilierungsversuche der nordischen Staaten gegenüber dieser Volksminderheit verfolgen, ist es erstaunlich, dass von Lappenkultur und Lappensprache noch die Rede sein kann. Wir führen dies vor allem auf die Fähigkeit des Lappen zurück, den fremden Wortschatz und die fremde Kultur wohl anzunehmen, sie aber gleichzeitig seiner sprachlichen und kulturellen Eigenart anzupassen. Mit einigem Recht können wir von einer Reliktkultur sprechen, durch die Elemente bewahrt wurden, die bei den Ursprungsvölkern längst der Vergessenheit anheimgefallen waren. Diese Eigenschaft des Lappen ist Ausdruck

seiner konservativen Gesinnung, wobei auch die Lebensweise in der Weltabgeschiedenheit des hohen Nordens mitbestimmend ist. Die Kultur des Lappen war jedoch letztlich nicht so sehr von jener der Nachbarvölker verschieden, dass fremde Einflüsse die lappische Lebensform wirklich zu wandeln vermocht hätten. Heute kann nicht mehr von einer eigentlichen Isolierung der Lappengebiete gesprochen werden. Moderne Verbindungswege lockern diese abgelegenen Gefilde auf, und das lappische Schulwesen ist nach norwegischem Muster neuzeitlich ausgebaut worden. Hinzu kommt die assimilierende Wirkung des Radios, wenn auch reguläre Sendungen jetzt in lappischer Sprache erfolgen. Der nun in Lappland eingeführte Geldhaushalt und die vielfältigen Aspekte des modernen Konkurrenzkampfes haben zu der weitgehenden Auflösung der lappischen Traditionen beigetragen, wie wir sie heute auf norwegischem Gebiet feststellen.
Die Kultursituation hat sich gegenüber früher radikal geändert, und man muss zugeben, dass die Zukunft der lappischen Kultur neben jener des modernen Nordens als eher ungewiss bezeichnet werden muss. Vieles deutet jedoch darauf hin, dass in nächster Zukunft die Lappenkultur nicht endgültig verschwinden wird. Gewisse Richtungen der Kulturpolitik gegenüber Lappland haben sich geändert. Der Anpassungszwang auf dem Gebiet der Sprache wurde gelockert, und Lappisch wird in den Schulen der Lappengegenden als Hilfssprache benützt. Es werden Lehrbücher in lappischer Sprache geschaffen, die auch am Lehrerseminar in Tromsö gelehrt wird.

Ein neues Gesangbuch für Lappen wurde herausgegeben, und öffentliche Unterstützungen zur Förderung der lappischen Literatur werden gewährt. Von Bedeutung ist ferner die Einsetzung zweier ratgebender Organe für lappische Angelegenheiten. Viele Lappen haben den Glauben an den Wert ihrer Kultur verloren und wünschen den möglichst raschen und völligen Übergang zur norwegischen Sprache. Nach ihrer Ansicht ist das Lappische nur ein Hindernis für die Erlernung der norwegischen Sprache und nicht zuletzt bei der Stellenbewerbung. Dieser Auffassung wird von lappischer und norwegischer Seite entgegengehalten, dass niemand ohne Beeinträchtigung seiner selbst die Muttersprache verleugnen und das eigene Kulturerbe ausschlagen kann. Die lappische Sprache bildet das Kernproblem der Lappenfrage überhaupt; denn auf ihr allein beruht die Identität der Lappen als der eigenständigen Volksgruppe, die sie darstellen. Um den Fortbestand der Lappensprache zu sichern, ist es vonnöten, dass eine lappische Elite sich ihrer annimmt und sie weiterentwickelt. Eine der Voraussetzungen dazu ist die Schaffung von höheren Schulen, die den Fortbestand der lappischen Traditionen garantieren. Mit der lappischen Jugendschule in Karasjok ist bereits eine der Grundlagen geschaffen worden. In Kautokeino wurde eine Handarbeitsschule ins Leben gerufen zur Pflege des lappischen Haus- und Kunstgewerbes. Schliesslich wurde 1969 in Karasjok eine Sekundarschule eröffnet, die Lappisch als Lehrfach unterrichtet. Ferner sei auf den Ausbau des Unterrichts in lappischer Sprache an der Universität Oslo und die Erteilung von Stipendien für Lehrer an den Lappenschulen für höhere Studien des Lappischen auf akademischer Stufe hingewiesen. Über das Schicksal von Lappensprache und Lappenkultur wird letztlich die heutige Jugend Lapplands entscheiden. Wenn sie sich voll einsetzt für die Wahrung des Erbes ihrer Väter, wird man auch in Zukunft von Lappen in Norwegen sprechen können.

---

29 «Baumleichen» auf einem Tunturi
30 Beim Flössen hochgeschleuderte Stämme
31 Stromschnellen mit geflösstem Holz
32 Holzflösser bei der Arbeit
33 Siedlung bei Hammerfest
34 Tromsö, die Metropole Nordnorwegens
35 Winter in Narvik
36 Alta in Nordnorwegen
37 Sesshafte Lappenbäuerin in Kautokeino
38 Heutrocknen in Schwedisch-Lappland
39 Heuernte in Schwedisch-Lappland
40 Bauernhöfe bei Tromsö

33

34

35

36

Pulsierendes Leben der Rentiere am Fusse der Tunturis

Schon haben sich die Kraniche an den endlosen Mooren Lapplands eingenistet, schon schmettern die Wildenten ihre Frühlingsfanfaren über die Rentierweiden. Immer kleiner werden die Schneeflecken an den Nordhängen der Tunturis, wie verstohlen schmelzen sie zum Talschlund hinunter. – Es ist die Zeit, wo das Renkalb verwundert seine Augen unter blauschimmerndem Himmel öffnet, wo ein Tag dem anderen die Hand reicht.
Vorbei ist die Nacht, vorbei selbst die Dämmerung. Nur mehr strahlende Helle herrscht und hüllt wie ein Silberschleier von Märchennächten dieses karge und strenge Land ein, weich und bergend – und warm nach dem gnadenlosen Winter. Damit hat der Frühling im hintersten Winkel Lapplands seinen Einzug gehalten, und das Blaukehlchen, Lapplands Nachtigall, stimmt sein herrlichstes Lied auf die Maienzeit an. Wir befinden uns auf dem 69. nördlichen Breitengrad.
Zu den sichersten Zeichen des arktischen Frühlings gehört auch die Unrast der Rentierhalter. Mehr oder minder rastlos sind sie freilich immer, schon während des lieben langen Winters. «Den Rentieren nach», wie es heisst; von Rentierscheidung zu Rentierscheidung, von Weideplatz zu Weideplatz, von Weidegemeinschaft zu Weidegemeinschaft, dann zu den Versammlungen, den «Rentierparlamenten» – und sonstwohin. Im «Parlament» haben heutzutage die Ältesten und Weisesten die eigenen und die Interessen der Weidegemeinschaft zu vertreten. Es heisst auch: «Dem Vieh gebührt Hege und Pflege, sonst gedeiht es nicht.» Wahrlich, wer als Rentierhalter auf der faulen Haut liegt, dessen Broterwerb wird mit Stumpf und Stiel von anderen verschlungen wie vom nimmersatten Gevatter Tod.
Zwar verschwinden die Winterstrapazen spätestens mit dem Winter selbst. Doch schon bei den letzten Rentierscheidungen nimmt man die Vorzeichen zur Betriebsamkeit des Frühlings wahr: die trächtigen Kühe, die neue Rentiere kalben werden. Spätestens bis Ende April müssen sie an die Leine gebunden sein, jedes einzelne Tier, damit nicht ein einziges Kalb in der ein-

samen dunklen Wildmark geboren und dort zur leichten Beute von Raubtieren werden kann. Das gibt ein Placken und Rackern! Doch wenn das grosse Glück, das Rentierglück, den Besitzer begleitet, wird auch diese Arbeit «in die ‹pulkka› gebracht», wie die Alten sagen. Die «pulkka» (der Schlitten) bedeutet hier gleichviel wie die eigene Geldkassette.

Im Herbst, wenn die Farben der «ruska» ihre höchste Pracht erreichen, rüstet sich die Rentierherde für die Brunftzeit, für die stürmische Hochzeit, der auch dramatische Szenen nicht fehlen. Die Natur selbst scheint den Hochzeitssaal für ihren Schützling schmücken zu wollen, für jenes wilde und schöne Tier, das heute noch in tausendköpfigen Scharen die nördlichsten Gegenden beherrscht. Am Tage brennt die Herbstsonne auf die buntglühenden Sommerweiden nieder. Ihre Strahlen durchdringen die dichtesten Moos- und Flechtendecken bis tief in die Erdschicht, aus deren steinigem Grund nächtens die Wärme zurückströmt. Herbstglanz funkelt von den winzigsten Beerensträuchern bis zu den endlos weiten Aapamooren, diesen rotschimmernden Teppichen, die den Balkenboden des grossen Hochzeitssaals überziehen, einander übertrumpfend an blendender Farbenpracht.

Die dunkelblauen Tunturis ruhen in einsamer Erhabenheit unter dem weiten Himmelsgewölbe. Übersatt glänzen Flüsse, Seen und Teiche im Lichte des Himmels, und am Wasser spiegeln sich die weissstämmigen Birken in ihrer feuergelben Gewandung. Dazwischen schimmern die schon blutrot zitternden Trachten der Ebereschen und Espen. Was wunder, wenn ob solchem Schaugepränge das Rentier sich wie verrückt gebärdet. Auch vom Menschen wird in dieser arktischen Gegend behauptet: Wenn die Erde im Umbruch ist, werden die Toren am törichtsten. Und das Rentier ist immerhin nur ein Tier.

Überdies bedrängt nichts mehr das Rentier, jetzt, da die Mückenplage vorbei ist, die Myriaden von Insekten verschwunden sind. Nicht mehr umsurrt die Dasselfliege blindlings das samtene Maul des Tieres. Seine Eier hat das Biest indessen unter dem seidig glänzenden Haar des Rentierfells zum Ausreifen zurückgelassen. Doch davon weiss das Ren nichts. Auch von nichts anderem mehr. Nur eines brennt: die Brunft. Wie Feuer durchlodert sie schon die hellen Adern des Jungtiers, wie heftig erst das heisse Herzblut des ausgewachsenen Rens, das den Taumel der Lust Herbst auf Herbst stets sinnvoller, stets heftiger in jeder Faser erlebt. Wie im Rausch ist es bereit, um ein Weibchen die hitzigsten Kämpfe mit seinem stärksten Bruder auszufechten. Die Brüderschaft zählt nicht mehr. In diesem Kampf geht es oft um Leben und Tod. Es fällt nicht selten schwer, die im Gefecht ineinandergeratenen Geweihe zu lösen; erst ein barmherziger Tod befreit die Tiere von den Qualen. Soweit die Rentiere, die Männchen. Und die Renkühe, die Weibchen? Die gleiche wilde Lust packt auch sie. Triebhungrig unterwerfen sie sich dem Willen der Männchen. Der Hochzeitsreigen dreht sich und erwirkt neues Leben, voll Samengeruch. Bald auf kahlen Tunturikuppen, bald auf urtümlichen Moorebenen, bald auf Tundren, wo sich nach sommerlicher Mahd noch süsser Herbstgrasduft vermischt mit dem würzigen Lebensbalsam der Rentiere, mit dem Sperma und Schleim und mit der Biestmilch, nach welcher die im Frühling geborenen Renkälber gieren. Sie tanzen ihren Hochzeitsreigen aber auch auf dem trockenen, vom Waldbrand heimgesuchten Flechtenboden, in dessen Silberasche die Hufe weich einsinken. Zwischen den uralten Föhrenstämmen hindurch schimmert das Herbsthaar des Rentiers im gleichen Silberglanz.

Das Königsren, das stärkste Tier der Herde, bewacht den Tanz. Den Hals gebogen, die bastlose Kolbenkrone hoch aufgerichtet, tobt das Leittier atemlos hin und her, den Reigen in beiden Richtungen umkreisend. Seine feuchten Nüstern wittern auch die geringste Gefahr. Erbarmungslos verscheucht es fremde Eindringlinge, die ihren eigenen Hochzeitsreigen verloren oder sonstwie den Anfang verpasst haben. Es heisst: Dem König selbst bleibt Triebbefriedigung versagt. Als Kräftigstem von allen obliegt ihm allein, die Ungestörtheit seines Reigens zu verteidigen. Den Tieren innerhalb des Reigens aber ist nichts versagt. Dennoch: Wehe denen, die nur für einen Augenblick dem Leittier zu nahe treten! Sie werden Opfer seiner gnadenlosen Eifersucht. Blind vor Wut, mit Geweih und Hufen, schlägt es die Ärmsten

rücksichtslos zu Boden, zermalmt sie gleich Strohhalmen unter sich, bis sie der letzte Lebenshauch verlässt. So wissen alte Rentierhirten zu berichten.
Tag um Tag, Woche um Woche kreist der Hochzeitsreigen. Nicht eine einzige Ruhestunde ist gegönnt. Allmählich lässt die in «ruska» gebadete Wildmark ihren Glanz als goldenen Regen auf die kreisende Hochzeitsherde fallen. Der Nachtfrost kommt, vereist die Erde. Die Sonne wärmt nicht mehr. Die erkaltende Landschaft zwingt die Tiere sachte zum Alltag zurück. Einen satten Monat lang hat das wilde Treiben der Tiere gedauert. Die langsam schwellenden Leiber der Rentierkühe sind seine Hinterlassenschaft. Nach acht Monaten Tragzeit sind sie bereit, einem neuen Geschlecht die Herrschaft dieser Rentierweiden zu erschliessen.
Frühlingsregen erbarmt sich der Erde, ihr Frost taut unter den schweren Tropfen, die vom schwärzlichen Himmel herniederpeitschen. Doch das Gewölk verzieht sich, und bald überglänzt die Sonne das Reich der Tunturis wieder. Träge windet sich der Qualm vom Lagerfeuer der Rentierhirten durch die feuchte Luft, streicht über niedriges Strauchwerk, bleibt schliesslich an den Kiefernwipfeln hängen – höher geht's nicht bei dieser Windstille. Das Waldfeuer selbst indes glüht ungetrübt, spendet eitel Behagen, sowohl den Rentierhirten, die sich hier zum Trocknen ablösen, wie auch den fremden Gästen, die seine Wärme suchen.
Nicht eben leicht war der Weg hierher ins Herz der Wildmark. Die kleinen Flüsse, die noch frühlingshaft überschäumen, zwangen mancherorts zu Balanceakten, auf dem Dörrkieferstamm, der einen Fluss überbrückte, oder auf der flaschenrunden Birke, die vom Regen glitschnass aufgeweicht wurde. Auch die morastige Erde macht das Stapfen dann noch «herrlich», wenn bei jedem Schritt der Boden einsinkt und selbst in kniehohen Stiefeln das Wasser glucksend auf- und niederschwappt. Es war ein anstrengendes Wandern. Doch Mühe und Plage wird zehnfach aufgewogen durch die Stimmung am Lagerfeuer, wenn die Rentierhirten dem Wandersmann den «stehenden» schwarzen Kaffee zum Kosten reichen (er ist tatsächlich so stark, dass der Löffel fast aufrecht in der Tasse steckt, und er tut es auch, wenn die Tasse

halb mit dem Lappenkäse gefüllt ist, der lecker auf der Zunge schmilzt). Dazu hat der Rentierbesitzer noch etwas von seiner Spezialmedizin hineinflitzen lassen, kräftig wie Honig; ein Gebräu, das, mögen die Füsse vor Nässe starren, die letzte Krankheitsfurcht vertreibt.
Das abendliche Frühlingswetter belebt die Gemüter. Hier kann man behaglich und in Freiheit sein eigenes Tagewerk verrichten. Vor dem Lagerfeuer ist an zwei Stöcken ein dickes Tuch ausgespannt, um die Wärme aufzufangen. Keine schönere Bleibe weiss sich der Rentierhirt auszumalen als diese Wohnstätte mitten in der gottgeschaffenen grossen Wildmark. Der Platz ist mit Bedacht gewählt: am trockenen, leicht ansteigenden Hang; der Berg jedoch liegt noch ziemlich weit. Gegen Süden breitet sich eine der grossen Moorebenen Lapplands aus, wie geschaffen, die Wärme der südlichen Sonne in ihrem vollen Glanz als naturgegebenen Schutz auf die trächtigen Rentierkühe zurückzustrahlen. Flechten und klare Moorquellen stillen jederzeit Hunger und Durst der allesamt an die Leine gebundenen Tiere. Von der Feuerstelle aus hat der Rentierhirt die beste Sicht, die Geschehnisse zu verfolgen, sogleich zu merken, wenn ein Wolf oder Bär die Herde zu umkreisen beginnt. Die Rentierkühe, eine prächtiger als die andere, erwarten hier ihre Stunde. Die ersten haben schon geworfen, d.h. gekalbt. Am Walpurgistag, dem 1. Mai, muss nach alter Sage das erste Kalb auf der Schneedecke stehen, wenn das Rentierjahr gut bleiben soll. Heuer kam's, wie's scheint, schon vor der Walpurgisnacht. Das bedeutet Gutes, schmunzeln die Hirten. Die Frühlingsfee beschützt den Rentierhalter.
Am Lagerfeuer also haben wir die ersten Neuigkeiten ausgetauscht, der Kaffee hat uns aufgerappelt; wir sind nun bereit, das Leben und Treiben der Rentiere aus der Nähe zu beobachten. Die Hektik, das eigentliche Charakteristikum jeder Rentierscheidung, fehlt hier gänzlich: In der «heiligen Stube» der mächtigen Natur (in Finnlands nördlichster Gegend nennt das Volk das Gebärzimmer die heilige Stube) ziemt sich keine Betriebsamkeit, kein Brüllen und Lärmen wie auf den grossen Rentierscheidungen, die nach Meinung vieler an den Marktrummel gemahnen – allerdings bedeuten sie auch eine

Art grosses Erntefest, wozu das ständige Geschrei, Gezeter und Gekreisch nun einmal gehört.
Hier, an den Gebärplätzen, gewährt man in aller Stille den Tieren völligen Frieden und Schutz. Wer diesen Männern beim Rentierscheiden zusah, wie sie, der eine verwegener als der andere, den Stier buchstäblich bei den Hörnern packten, der kann sich, bevor er sich mit eigenen Augen überzeugte, kaum vorstellen, wie diese gleichen Männer so zart mit einem trächtigen Tier reden und umgehen können. Vorsichtig nähern wir uns den Tieren an der Leine, suchen sie mit sanften Worten zu beschwichtigen. Sofort wittern sie die Fremden in uns und werden unruhig. Die Leine spannt sich um die kleine Moorkiefer, schreckgeweitet starren die Tieraugen.
– «Soch, soch, soch», redet der Rentierbesitzer seinem Schützling zu. – «Ruhig, nur ruhig, soch, soch, soch».
Dieses Tier lässt sich besänftigen, sein Nachbar aber zerreisst seine brüchige Halsleine und schiesst davon, feuchtes Moos hinter sich aufwirbelnd. Nun werden rauhere Töne angeschlagen. Mit rotem Gesicht flucht der Knecht:
– «Der Teufel hol dich, du Satansbiest!» – und rast doch selbst hinter dem Tiere her. Einer der Gäste fragt: – «Was macht ihn so wütend?»
– «Na und? Da halten wir Wache und hegen und pflegen die Tiere den ganzen Frühling», erklärt der Rentierbesitzer, «und dann passiert so was.»
– «Aber was macht's denn aus, ob es nun hier oder anderswo kalbt, es bleibt ja doch auch unangebunden in der Nähe der andern», staunt der Fremde.
– «Und was das ausmacht! Das ist so: Wenn die Kuh an der Leine ist, kann man sofort die Ohren des Neugeborenen markieren und darauf beide losziehen lassen. Doch läuft die Kuh hier frei herum: Kaum ist das Kalb am Tageslicht, kaum vom Mutterkuchen reingeleckt, schon sind beide auf und davon auf die Sommerweiden, und du hast mit deinen Ohrzeichen das Nachsehen. Wie sollst du wissen, wo sie bleiben, wenn du sie nicht mehr fangen kannst? Das ist ja das Elend.»
– «Also allein um der Markierung willen kalben die Tiere an der Leine?»
– «Warum denn sonst noch – he?»

Nach solch handgreiflichem Beispiel versteht auch der Fremde, was dem Rentierbesitzer all diese Arbeit und Mühe bedeutet. Jedes frischgeborene Rentierkalb wird sogleich mit dem Zeichen der Mutter versehen – es bedeutet gleich viel wie der Zuwachs des täglichen Brotes, der allein die Plackerei des Rentierhalters lohnt. Zum Glück kann die entlaufene Rentierkuh wieder eingefangen werden. Sie wird an eine stärkere Leine gebunden, auch der Besitzer beruhigt sich allmählich. Sein sonnverbranntes Gesicht gewinnt sein typisch gelassenes Lappenlächeln zurück.
Wir machen einen Rundgang in der Gegend. Im Laufe des Tages sind neue Kälber zur Welt gekommen. Wie süss sie sind, ihr Haar ist noch von daunenhafter Weichheit. Auf dünnen Beinen steht das Kalb neben seiner Mutter – bereit, unter ihrer Hut den gefährlichen Weg in Angriff zu nehmen. Bald ist es soweit. Doch bevor das Muttertier von der Leine befreit wird, muss das Kalb den ersten Schmerz seines Lebens spüren. In seine kleinen Öhrchen wird mit scharfem Messer das Besitzrecht des Menschen eingeschnitten. Doch wie zarthändig dies wiederum geschieht! Liebevoll gleich einem Kind hebt der Lapplandbewohner das Kalb auf den Schoss – kaum zu glauben, dass solche Fäuste so sanft mit dem Jungen umgehen können –, und der grosse Mann drückt das kleine Tier zwischen die Knie. Sein Kamerad hält gebückt das feuchte Maul fest. Schnell und geschickt flitzt das scharfe Messer – kein einziger Schnitt scheint überflüssig. Jetzt noch ein paar kleinere Zeichen, und die Arbeit ist beendet.
Die Mutter hat die ganze Zeit daneben gestanden, besorgt brummend, als möchte sie ihr Junges leise mahnen. Wenn dann das Kalb befreit auf wackligen Beinen neben der Mutter steht, beschnuppert diese es von allen Seiten. Ihr leises Murren scheint zu sagen: So sind sie eben, die Menschen... Dann kommt das Wichtigste: Der Rentierbesitzer löst die Leine von der Kuh. Das Tier steht still, als möchte es behutsam prüfen, was nun geschah, ob es auch wahr sei. Es wirft den Kopf herum: Nichts scheint mehr zu fesseln und zu spannen. Wahr ist's: Es ist frei.
– «Und jetzt?», fragt der Fremde ungeduldig.

– «Die Tiere machen sich davon, sie drängen zur Weide.»
So ist es: Die Mutter trabt ruhig voraus, das Kalb scheu hinterher. Anfänglich wirkt das Laufen nicht mühelos, die schmächtigen Beine wackeln ein wenig. Doch hat das Kalb hinter seiner Mutter einmal den trockenen Waldboden erreicht, geht es schon besser. Dort verschwinden die beiden zwischen den Bäumen den abendlichen Sonnenstrahlen entgegen, welche durch die Regenwolken brechen; ab und zu sind die Ausreisser noch zu sehen, doch bald verschmelzen ihre Farben mit dem rötlichen Braun der Kiefernborke. Damit hat das junge Ren seine Wanderung auf den eigenen Weiden angetreten. Der Rentierbesitzer fragt: «Haben Sie nun gesehen, wie eilig die's hatten?» – Ja, das hatten die Fremden gesehen; auch sie verstanden die Tiere.
Zur Nachtzeit kehren wir an unseren Ausgangspunkt zurück. Am prasselnden Kiefernholz lässt's sich gut träumen. Sein zähes Feuer wärmt mild den Unterstand. Manchmal qualmt ein nach weissem Kienharz duftender Rauch auf; bald schliessen sich die Lider. Die fremden Gäste schlafen am behaglich bergenden Lagerfeuer der Rentierhirten. Auf der Musterung ihres «raanu», der lappischen Wolldecke, tanzen die Schatten der Flammen. In der Ferne vergoldet die nächtliche Röte die Gipfel und blanken Kuppen der Tunturis in überirdischer Schönheit.

---

41 Modernes Lappenmädchen
42 Schwedenkinder mit Motorschlitten
43 Lappenkinder in Jokkmokk
44 Markt in Jokkmokk, Schwedisch-Lappland
45 Marktszene in Jokkmokk
46 Bäuerin an Webstuhl in Schwedisch-Lappland
47 Lappe beim Zerlegen eines Lachses
48 Lappenfrau mit reichem Silberschmuck
49 Silberschmied in Kautokeino
50 Die Erzstadt Kiruna
51 Eisenerzabbau bei Kiruna
52 Bohrmaschine in Eisenbergwerk
53 Erzzüge in Untertagewerk
54 Erzbahn in der Nähe von Kiruna
55 Fähre südwestlich von Narvik

MOTORBOLAGET UMEÅ
ski-doo
FA 340
440SL

50

51

48

49

AEG 45
AEG

P
alfa-romeo
CH
MAZDA

Impressionen von Lapplandfahrten

Mit einem bequemen Linienbus verlassen wir Rovaniemi, die Hauptstadt von Finnisch-Lappland, in nördlicher Richtung. Es ist ein herrlicher Sommermorgen. Unser Reisethermometer gibt um 6 Uhr 16 °C an, und wir befinden uns nur 5 km südlich des Polarkreises. Dies entspricht ungefähr der geographischen Breite von Südgrönland: dort ewiges Eis – hier saftige Wiesen, Äcker und Wald! In nordwestlicher Richtung führt die Strasse entlang des Ounasjoki durch dichte Baumbestände schlanker Nordlandtannen und gedrungener Kiefern. Plötzlich hält der Bus – wir sind beim Polarkreis. Wer's nicht glaubt, kann es auf der Tafel am Strassenrand lesen: «Napapiiri – Polcirkeln – Cercle Polaire» heisst es dort. Darüber zeigt eine Karte das Gebiet Finnlands jenseits des Polarkreises, es macht ungefähr ein Drittel der gesamten Landesfläche aus.
Die Strecke von Rovaniemi zu unserem Ziel Kilpisjärvi misst 440 km. Herrlich grüne Matten mit weidenden Kühen, schmucke rostrote Häuschen, deren Fensterumrahmungen weiss sind, sowie einige grosse Ziehbrunnen säumen unsere Strasse. Verträumte kleine Seen, stille Weiher, mit unzähligen gelben und weissen Seerosen übersät, und hin und wieder ein Fluss unterbrechen den Wald. Wo dieser fehlt, stehen am Strassenrand in kurzen Abständen 2–3 m hohe Stangen. Sie dienen im Winter, wenn der Sturm den Schnee zu hohen Verwehungen anhäuft, zur Wegmarkierung. – Was sind das für Vogelhäuschen auf niedrigen Pfählen, die hie und da bei Strasseneinmündungen stehen? Es sind offene Postkästen! Der Bus-Chauffeur legt Briefe, Zeitungen, sogar Pakete hinein und weiter geht die Fahrt. Vielleicht werden diese Postsendungen heute, vielleicht erst morgen oder in der hellen Nacht von einem Bauern abgeholt und den Adressaten in den verstreuten Rodungen überbracht. Nach längerer Fahrt erreichen wir das stattliche Dorf Kittilä, das mit seinem Krankenhaus und Gymnasium, ähnlich wie Ivalo, Kernsiedlung einer grossen Landgemeinde ist. Auf dem 8000 km² grossen Gemeindeareal von Kittilä leben nur 5000 Einwohner.

Nach der Ortschaft Muonio fahren wir auf der Hauptstrasse, die Torneå am Bottnischen Meerbusen mit der Eismeerküste verbindet. Schon haben wir 240 km zurückgelegt: 200 km liegen noch vor uns. Es wäre verlockend, einen Abstecher zu den Bergen von Pallastunturi zu machen, jenem bekannten Wintersportgebiet, dessen höchste Bergkuppe den schönen Namen Himmelrikki – Himmelreich – trägt. Unsere Strasse begleitet fortan mehr oder weniger den Muonionjoki, der die finnisch-schwedische Grenze bildet. Nach finnischen Vorstellungen befinden wir uns jetzt in einem ausgesprochenen Bergland. Einige waldlose Tunturis treten nahe an die Strasse heran. Der 68. nördliche Breitenkreis liegt hinter uns. Nach dem Dorf Kätkäsuvanto wird der Wald lichter, die Fichten bleiben zurück, während sich Kiefern und immer mehr Birken tapfer behaupten. Endlich sehen wir nahe der Strasse das erste Lappenzelt! Doch erfahren wir bald, dass dessen Bewohner ganz auf den Fremdenverkehr eingestellt sind. Sie tragen ihre farbenfrohe Tracht und verkaufen Reiseandenken, wie Rentiergeweihe, Lappenmesser mit Horngriff, gewobene Bänder u.a. Am Abend erreichen wir das Touristenhotel, das inmitten von Tunturis am langgestreckten Grenzsee, dem Kilpisjärvi, liegt. Im Norden erhebt sich der über 1000 m hohe Saanatunturi, westlich des Sees steht die dreiseitige Pyramide «Kolmen valtakunnan rajapatsas», der «Dreireichsberg», wo sich Finnland, Schweden und Norwegen berühren.

Es ist Mitternacht. Am hellen, blassgelben Himmel ziehen gemächlich einige dunkelgraue Wolken nordostwärts. Zwischen den steilen, grünschwarzen Ufern liegt ruhig der silberne Spiegel des Kilpisjärvi, aus dem sich einige Inselchen erheben. Der Birkenwald strömt ein herbes, würziges Aroma aus. Leise rauschen die Zweige und friedlich plätschert irgendwo ein Bach. Das ist die Berglandschaft Lapplands!

Doch auch das flache innere Lappland zeigt grossartige Szenerien. 130 km nördlich von Rovaniemi erreicht man auf der Eismeerstrasse Sodankylä, ein grösseres Dorf, wo das älteste Gotteshaus von Finnisch-Lappland, die 1689 erbaute Holzkirche, steht. Weiter nordwärts liegt das Marktzentrum Vuotso,

dann geht's durch Moor- und Sumpfland und allmählich ansteigend zum Maanselkä, der niedrigen Wasserscheide zwischen Eismeer und Ostsee. Auf 330 m Höhe bleibt der Wald zurück, man durchquert eine fast kahle Tundralandschaft, wo nur noch vereinzelte buschartige Birken und Krüppelkiefern dem nordischen Klima zu trotzen vermögen. Dann senkt sich die Strasse zum Inarisee, bald ist man wieder im lichten Tundrawald – neben vielen Birken stehen zerzauste, zum Teil abgestorbene Kiefern mit langen Bartflechten. In den Flussbetten des Ivalojoki und seiner Zuflüsse herrscht im Sommer reges Treiben. Dort versuchen sich passionierte Einheimische und meist weniger geschickte Touristen im Goldwaschen. – Wie überrascht ist man, wenn man nach der Fahrt durch die karge Tundra plötzlich wieder dürftige Äckerlein sieht und in das Dorf Ivalo mit schönen, neuen Häusern einfährt. Ivalo ist Zentrum der weitläufigen Landgemeinde Inari und entwickelt sich in zunehmendem Masse dank des Flughafens zu einem wichtigen Ausgangspunkt für Touristen, denn seine weite Umgebung mit dem grossartigen See gehört zu den eindrucksvollsten Landschaften Lapplands.
Noch beinahe unberührt liegt der «heilige See» mit seinen vielen Inseln im einsamen Waldland. Nur einige Lappen- und Neusiedlergehöfte mit kleinen Äckern, selten einmal eine Blockhütte mit Saunahäuschen für den Wanderer, ein Forst- oder Jagdhaus, vereinzelte Fischerboote – und leider auch einige Motorboote – sind die spärlichen Zeichen der Zivilisation. Im Sommer dominieren grüne und blaue Farben – die Farben, welche die finnischen Designer so gerne für ihre kunstvollen Stoffmuster gebrauchen. Braungrün erscheinen die Kiefernbestände, heller grün die Birkenkronen und sattgrün die Sträucher und Moose. Hellblau und klar spannt sich der Himmel von Horizont zu Horizont und tiefblau, fast dunkelviolett liegt der See da. Des Nachts übergiesst die Sonne alles mit mildem, rotgelbem Licht, und die unzähligen Inseln und Halbinseln schieben sich als dunkle Silhouetten in die gelbgraue Wasserfläche vor.
Die wenigen Herbsttage feiern ein Fest in Rot und Gelb. Es ist Ruska-aika, wie die Finnen sagen. Wie brennende Fackeln stehen die Birken am Wasser,

die meisten Sträucher färben sich purpurn. Die Strahlen der Herbstsonne huschen über den Waldboden und küssen die Preiselbeeren, bis sie wie blutrote Kügelchen aus den braungrünen Blättern hervorleuchten.

Warum gibt's nur immer karelische Piroggen – warum keine Gotteskùchlein?

So seufzte eine nordfinnische Hausfrau in Sodankylä, das an einem herrlichen kleinen See namens Lomajärvi mitten in Lapplands steinigem Ödwald liegt. Das fragen auch wir uns, denn schon seit langem sind die Piroggen Kareliens vielen Reisenden und durch sie der ganzen Welt bekannt, während die Gotteskùchlein Lapplands – wohl ob der mühsamen Wanderwege – hinter den Tunturis versteckt geblieben sind.
Was aber sind Gotteskùchlein? Sie sind ein Gebäck, das göttlich auf der Zunge zergeht, der Form nach einer kleinen Pastete oder einem Törtchen ähnelnd, schnell zuzubereiten und lecker aufzutischen. Und so werden sie gemacht – wenn sie gut geraten sollen: Ein Pfund Butter und eine passende Menge Rahmquark werden schaumig gerührt. Darunter wird ein gutes Pfund Mehl mit einer Messerspitze Natron oder Hirschhornsalz und natürlich mit einer Prise Salz gemischt, die Masse zu einem elastischen Teig verarbeitet und in Kühlschrank oder Kühltruhe kalt gestellt.
Während der Teig in der Kälte ruht, bereiten wir den Backtisch vor. Am wichtigsten ist natürlich die Teigrolle, unerlässlich auch der runde, scharfkantige Ausstecher mit einem Durchmesser von ungefähr 5–6 cm. Der Ofen wird auf die höchste Stufe eingeschaltet. Die kluge Hausfrau nimmt in diesem Augenblick eine Tasse Kaffee und überlegt sich, wie sie die künftigen Gotteskùchlein «programmieren» will. Aus dcm Teig kann sie nämlich verschiedene Leckerbissen backen. Ich selbst habe gelernt, sie in zwei Sorten zu teilen: in süsse und salzige. Denn dieses vortreffliche Gottesgebäck geht wunderbar

auf; mit einem scharfen Messer kann man den oberen Teil wie einen Deckel sachte abheben und das Küchlein füllen. Die süssen Plätzchen fülle ich meistens mit Himbeer- oder Moltebeermarmelade (Moltebeeren sind eine Brombeerenart). Für die gesalzenen stehen mir viele gute Sachen zur Wahl, jedoch nicht alle auf einmal, o nein! Sehr gut passen beispielsweise Reis und mit Ei gemischte Butter zusammen – wie ja bei den karelischen Piroggen auch. Ebenso schmackhaft sind geschmortes Schneehuhn oder kalter Renbraten sowie Pilze, selbst zusammen mit gekochtem kaltem Fisch. Natürlich mundet dazu auch der Lachsrogen ausgezeichnet, doch ist er nicht immer erhältlich. Dieser «finnische Kaviar» ist grosskörnig, Salz fügen wir nur nach Geschmack bei und haben eine wahre Gaumenfreude, das echte Gottesküchlein! Allerdings müssen diese gesalzenen Plätzchen grundsätzlich immer vor dem Servieren aufgewärmt werden, damit ihr natürliches Aroma voll zur Geltung kommt. Hirschhornsalz lässt den Teig sehr gut aufgehen.
Nun also hervor den Teig und etwas über 1 cm dick ausrollen. Mit der runden Form stechen wir Plätzchen aus, legen sie auf ein gefettetes Blech und lassen jedem genügend Raum, so dass es schön und frei aufgehen und sich wölben kann. Bevor wir das Blech in den Ofen schieben, können wir die Plätzchen mit Ei bestreichen, damit ihre «Backen» hübsch braun werden. Bei richtiger Ofenwärme müssen wir nicht lange warten, und schon ist das Backwerk fertig, voll verlockendem Duft und betörendem Geschmack. Die nordfinnische Hausfrau fügt ihrem Buttergebäck selten Zucker bei, und auch ich pflege diese besten Plätzchen der Welt immer nur mit Salz zu würzen.
Vom Blech heben wir die Küchlein auf ein Pergamentpapier zum Erkalten, nehmen ein paar Kostproben, und wenn keine weitere Verwendung in Aussicht steht, legen wir die Köstlichkeiten als Vorrat für den Besuch in die Kühltruhe. Von dort holen wir sie bei Bedarf hervor, wärmen sie im Ofen auf und servieren sie appetitlich z.B. auf einem unlackierten Holzbrett, das seine eigene Würze, fast wie Waldaroma, dazuliefert.

Im Seengebiet von Sodankylä finden wir natürlich im Frühling reichlich laichenden Fisch. Da gibt's Rogen und Leber, es ist die Zeit der heissen

fetten Fischdarmsuppe und des kalten garen Fischkopfs. Darüber hinaus kochen die Hausfrauen ihre eigene Spezialität: die Rogenkügelchen. Sie nehmen die Rogensäcke, entfernen sorgfältig alle Fäden mit einem kleinen Holzlöffel, so dass am Schluss nur der reine und klare Rogen in der Holzschüssel bleibt. Hinzu fügen sie dann Salz und gemahlenen Schwarzpfeffer, aber auch aus Fischdarm geritzte Fettstreifen, die passend gross geschnitten wurden. Wenn diese Masse fertiggerührt ist, können ein paar frische Eier des Gänsesägers hineingemischt werden, und schliesslich kommt auch noch das Mehl dazu. Es muss ein Gerste-Roggen-Mehlgemisch sein. Die Masse wird zu einem weichen Teig verarbeitet, so dass daraus leicht runde Kügelchen zu formen sind. Wenn diese auf dem Backtisch bereitstehen, ist sicherlich auch das Kochwasser auf dem Siedepunkt, das aufgestellt worden war, gleich als der Teig angefangen wurde.
Ins kochende Wasser kommen nun Salz und ungemahlene Schwarzpfefferkörner sowie eine grössere ganze Zwiebel. Wir fangen mit dem Kochen der Rogenkügelchen an und verfahren dabei wie bei den Krebsen, d.h. das Wasser muss ununterbrochen kochen, solange Kügelchen hineingelegt werden. Diese halten wir mit einer Schaumkelle oder mit einem Kochlöffel auseinander und lassen sie etwa zwanzig Minuten kochen, jedoch nicht sprudelnd, damit ihr Fischaroma sich nicht zu stark mit dem Kochwasser mischt. Danach schöpfen wir die Kügelchen mit der Schaumkelle auf eine Servierplatte heraus. Die Sauce, mit der man sie isst, besteht aus dem Kochwasser, gemischt mit einem guten Stück möglichst hausgemachter Butter. Nach Belieben serviert man süssliches Kohlrübenmus dazu.
Eine grosse Delikatesse im Frühling ist der geräucherte Fisch, den wir nach selbsterprobtem Rezept im Freien auf einem fröhlichen Feuer zubereiten: Wir haben schöne grosse Barsche gefangen. Sie werden nicht geschuppt, nur die Eingeweide entfernen wir und lassen die Fische auf einem Baumstumpf in der Nähe des Feuers etwas trocknen. Die Bauchhöhle bekommt etwas Salz; das reinigt sie schon genügend und verleiht dem Fleisch ein wenig Salzgeschmack.

Von den Butterpackungen haben wir immer fettige Pergamentpapierstücke vorrätig und natürlich noch vom Winter her alte Zeitungen eigens für diesen Zweck aufgespart. Und so wird das Fischgericht zubereitet: Das Feuer bildet schon Glut. Auf dem Rasen breiten wir die Papiere aus, so dass drei bis vier gutgewachsene Barsche darin «eingebettet» und zu einem schönen Paket gebunden werden können, das wiederum in etwa fünf normalgrosse Zeitungen eingewickelt wird. Und dieses Paket, fest verschnürt, legt man auf die Glut.

Dann warten wir ab, was geschieht. Und tatsächlich: die ersten Zeitungsschichten der Verpackung fangen hurtig Feuer, doch bald schon verkohlt das Papier. Nur leise Flämmchen schwelen dran und lassen die Barsche gar werden, dieweil uns beim Warten das Wasser im Munde zusammenläuft. Als Getränk können wir frischen Preiselbeersaft bereitstellen, als Brotsorte wählen wir das altmodische harte Ringbrot (das wir sogar selber «backen» können, indem wir sogenanntes «villenleipää», «Wilhelms Brot», kaufen und es an einem Küchenhaken aufgehängt trocknen lassen – köstlich schmeckt das), und nicht zu vergessen endlich die Butterdose. Nach einer knappen halben Stunde kann, wer will, das Barschpaket von der Hitze etwas wegziehen, er kann es zwischenhinein auch umkehren, so dass auch die obere Seite über der Glut zu Ende schwelt. Jetzt noch ein Küchenblech herbeigeholt, auf das wir das dunkle Paket stülpen.

Nun kommt das Spannendste: das Öffnen des Pakets. Damit es sauber vor sich geht, bedient man sich am besten einer Küchenschere. Langsam, aber sicher entblättert sich das herrlich duftende Bündel (wer untätig zuschaut, überbrücke seine Ungeduld durch Zusammenlesen der verkohlten Papiere!). Wenn dann die Zeitungen Schicht auf Schicht geöffnet sind, bietet sich unseren Augen unter dem lecker bräunlichen Pergamentpapier ein noch köstlicherer bräunlicher Barschbraten dar, der in seinem eigenen Spezialsaft schmorte. Tatsächlich ist die Sauce aus den leicht getrockneten Barschen, aus wenig Salz und aus noch weniger Butterfett, das auf dem Pergamentpapier haftete, entstanden. Auch all die Zeitungen haben das Ihre zum guten Ge-

lingen beigetragen. Die rauchduftenden Rücken- und Seitenstücke des Barsches tunken wir gründlich in die Sauce, bevor wir sie auf das trockene Roggenbrot aufreihen. Diese Delikatesse hält jedem Vergleich mit Krabbenbrötchen stand. Wer will, kann selbstverständlich noch Petersilienbutter dazugeben. Wärmste Empfehlungen!
Viele andere köstliche Fischspeisen kennt man hier im Norden; ich möchte nur noch berichten, wie man eine richtige «Frostsuppe» kocht. Das heisst, nicht die Suppe ist frostig, sondern das Wetter. Wir haben in einer Haferschleimsuppe Pflaumen eingeweicht, fügen gekochten Quappenrücken, in Streifen geschnitten, sowie Quappenleber und ein paar Rogensäcke von kleineren Quappen bei und servieren das Ganze gar gekocht und sehr heiss, mit festen Eigelben dekoriert. Das macht gegen Frost und Kälte unempfindlich! Diese Suppe entstand während des russisch-finnischen Winterkrieges und hiess die Willamo- oder die Oberstensuppe. Oberst Willamo hatte sie erfunden, und wohl bekam sie allen, je nach Seelenlage mit Salz, Pfeffer, Zwiebeln oder Melasse abgeschmeckt. Die schwarzen Pflaumen und die goldenen Eigelbe verstärken das Aroma der Fischsuppe. Wohl bekomm's!

Oft besuche ich meine Lappenfreunde im Norden. Damit sie keine besonderen Umstände machen, melde ich meine Ankunft meistens nicht voraus. Wozu auch die Hausfrauen sich den Kopf zerbrechen lassen, was sie dem Gast auftischen sollen. Nach alter finnisch-lappischer Sitte würden sie dies und jenes bereitstellen, damit der Gast sieht und spürt, wie willkommen er ist. Dafür erlebe ich dann allerlei kulinarische Abenteuerchen. Vor vielen Jahren wanderte ich im Spätherbst mit meinem Mann durch die Gegend von Kilpisjärvi, wo wir ein Lappenhaus besuchten. Es war vormittags. Ein Teil der Familie war auf der Rentierweide, ein Teil zu Hause. Wir begrüssten uns herzlich. – «Boris, Boris, hyvää päivää, terve, terve», sagten wir und schüttelten uns die Hände, klopften uns gegenseitig auf den Rücken und tätschelten uns die Schulter. – «Jumalan terve», Grüss Gott, riefen wir fröhlich. Mit unserem Überraschungsbesuch hatten wir ein Fest ins Haus gebracht.

Der Hausherr flüsterte einem seiner Knechte etwas ins Ohr. Das fiel nicht sonderlich auf, doch als der Knecht nach etwa zwanzig Minuten zurückkehrte und die Tochter des Hauses bat, Blut zu rühren, fragte ich verwundert, was denn los sei. Lachend erklärte der Hausherr, dass ein Renbock zu Ehren der Gäste geschlachtet worden sei. – «Seid ihr denn wahnsinnig», meinte mein Mann. – «Das ist doch viel zuviel der Ehre!» – «Sie kommen, Herr Willamo, so selten zu uns, dass es sich lohnt, Ihren Besuch mit einem Ochsen zu feiern.»

Und so geschah es. Das Koch- und Essprogramm des Tages lief folgendermassen ab: Nachdem das Rentier geschlachtet, die Innereien entfernt und damit der Rumpf präpariert war, schnitt man ihn auch noch in Stücke. Der Ofen in der Stube wurde angeheizt. Auf dem Kochherd gesellten sich zur obligaten Kaffeepfanne zwei grosse Kochtöpfe; in dem einen fingen Rentierzunge, Leber und Herz sowie ein paar Markknochen zu brodeln an, randvoll wurde der andere mit Fleischstücken gefüllt. Sobald der Ofen heiss war, schob man auf einem Blech einen grossen Rentierbraten hinein, der an mehreren Stellen aufgeschnitten und lediglich mit grobem Salz und Wasser zubereitet worden war. Nirgends sah man Kartoffeln. Sie gediehen nicht mehr hier hinter den Tunturis, so hoch im Norden befanden wir uns hier. Aber Brot gab es – und norwegische Margarine, den allerbesten Butterersatz.

Bevor die Mahlzeit beginnen konnte, tranken wir unzählige Tassen Kaffee, der, in Norwegen gekauft, nach Tran schmeckte, und doch war er gut und stark und dazu mit Salz abgeschmeckt. Zwischenhinein machte ich draussen auf dem Hof einen kleinen Spaziergang, denn Petrus war guter Laune. Es tat wohl, die frische Bergluft einzuatmen. Als ich zurückkehrte, deckte Frau Olga gerade den Tisch. Das Dienstmädchen brachte eine Schüssel, übervoll mit dampfendem Fleisch gefüllt. Die Gesichter der Männer waren gerötet – kaum vom Bergwind allein –, doch sahen sie dadurch nur gesünder aus. Das Essen begann. Vor sich hatte jeder eine kleine Schüssel, in die er aus dem grossen Suppentopf siedend heisse, fette Fleischbrühe schöpfte, sowie einen

 Teller, den er mit Fleischstücken füllte. Wir assen das Fleisch mit den Fingern, indem wir die mundgerechten saftigen Fleischstücke zunächst in die fette Brühe tunkten, und wir strichen uns Butterbrote aus weissem Schwedenbrot und kräftiger Margarine aus Norwegen. Zum Trinken erhielten wir warme frischgemolkene Rentiermilch oder Hausbier, das nach schwedischem Rezept gebraut war. Nach meinem Geschmack jedoch war das frische Quellwasser das beste Getränk bei dieser kräftigen Mahlzeit.

Anfänglich kauten wir in aller Stille, schlürften Brühe und leckten uns ab und zu die Finger sauber. Erst als der grösste Hunger gestillt war, kam wieder Gespräch auf. Der Hausherr holte aus dem anderen Topf die heisse Rentierzunge sowie die Leber und schnitt für jeden ein Stück ab, das mit sogenanntem weissem Rentierfleisch, d.h. mit Rentierfett in zungengerecht schmelzenden Portionen genossen wurde. Dann schalteten wir eine Pause ein, und das Dienstmädchen räumte währenddessen die Fleischplatte, den Suppentopf und die kleinen Schüsselchen ab. In der Tischmitte machten wir Platz für den Ofenbraten, der im Topf auf eine Unterlage aus Spanholz gestellt wurde. Der Hausherr schnitt für uns dicke Stücke kräftigen, dunklen Fleisches; dem Knecht oblag es, uns allen ein Bein zurechtzuhauen, dessen Knochenmark die Bratenscheibe fettig überzog.

Ich muss gestehen, dass ich nie zuvor und nie hernach einen so ausgezeichneten Braten – und so einfach zubereitet – gegessen habe. Wir hätten die Knochen noch leersaugen können, wenn wir nur gewollt hätten, doch war die Mahlzeit schon so üppig, dass wir auf noch mehr Mark dankend verzichteten. Als Nachspeise tischte die Hausfrau Moltebeeren auf, die in einer Quelle aufbewahrt worden waren, und bot Kaffee und Rentierkäse dazu an. Über Stunden zog sich das Essen hin, denn zwischendurch erzählte jemand eine Geschichte, die mit der Feststimmung der Mahlzeit gewissermassen im Einklang stand; mit der Feststimmung, die einfach und schön so ausgedrückt worden war: Der Gast bringt das Fest mit sich.

Zum Übernachten wurden wir in den sogenannten «kalten Flügel» geleitet, wo die Gästebetten auf altmodischen nordfinnischen Holzsofas mit ihren vielschichtigen Daunenmatratzen und gutriechenden Eiderdaunendecken auf uns warteten. Kurz vorher hatte man im Kamin ein fröhliches Birkenfeuer entzündet. Wie gut, dass die Zimmerluft nicht warm war, denn das Essen enthielt so enorm viel Brennstoff, dass wir in unseren Nachtgewändern kaum die Bettdecken brauchten. Die einverleibten Kalorien entwickelten Wärme in uns. Hier konnte ich am eigenen Leibe erfahren, wieso die Eskimos in ihren Iglus nicht frieren. Zahlreich zwar waren die Wanderungen, die ich mit meinem Mann schon unternommen hatte. Die verschiedensten Fischgerichte und andere Schmausereien hatten wir schon genossen. Weder Schlafsäcke noch Wolfspelze, weder Segelstoffe noch Rentierfelle hatten uns gefehlt. Das kräftige Festmahl jedoch, das wir hier erlebten, und die Übernachtung in der herbstlich-kühlen Gästestube – schweisstreibend fast vor Übersättigung – waren eine recht arktische, gleichzeitig aber angenehme Erfahrung. Auch unser Erwachen war festlich gestimmt. Die Hausfrau brachte uns den Morgenkaffee samt einer Käseplatte, zündete das Feuer an, breitete das Tischtuch aus und sagte fröhlich lachend, die Würste warteten schon auf die Gäste. Die Wurstdärme des gestern noch lebendigen Renbocks waren also schon zu Blutwürsten geworden. Was man nicht alles aus einem Rentier machen kann!

Durch Jahre und Jahrzehnte konnte ich immer wieder erfreut feststellen: Die nordfinnische Hausfrau ebenso wie die Hausfee des Lappen ist eine findige, kluge und geschickte Hauswalterin, die am häuslichen Herd in tiefem Ödwald alles zu verwerten weiss. Selbst von Schneehuhnfallen versteht sie etwas, vom Fischfang ganz zu schweigen. Geschickt liest sie die Fische aus dem Netz, säubert und pökelt sie. Sie kocht für ihre Leute, bäckt das Brot, brät das Fleisch, pflegt das Vieh, die Kühe, die Schafe und die Hausrentiere. Kurz, sie meistert alle Hausgeschäfte. Ohne jeden Zweifel gehört die Lappin zu den findigsten Hausmüttern der sogenannten primitiven Völker. Obwohl die Frage nur zu berechtigt ist, ob der Lappe (auch Sabme genannt) überhaupt mit Sicherheit den Primitivvölkern zugezählt werden darf. In der Schule zeigen sich seine Kinder aufgeweckt, von Natur aus lernwillig, intelligent und ihren finnischen Schulkameraden völlig ebenbürtig.

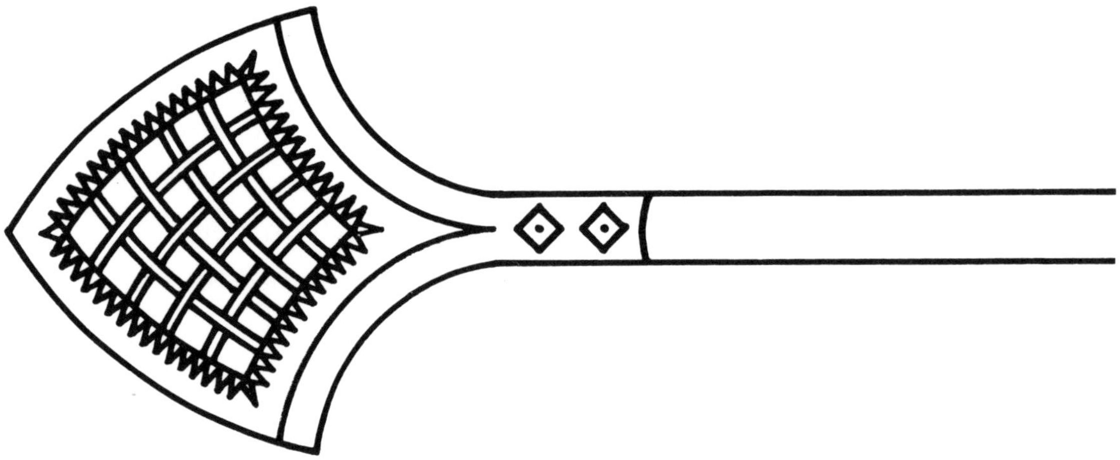

Schneeschaufel. Die ästhetisch-liebevolle Fertigung alltäglicher Gebrauchsgegenstände ist unserem technisierten Zeitalter weitgehend abhanden gekommen

Immer, wenn ich mich an den Esstisch einer solchen Hausmutter setze, spüre ich gleichzeitig fröhliche Erwartung und innige Erbauung, die denselben Grund haben: Dass ich in arktischer Landschaft wohne, dass ich ihre frische Luft atmen, ihr klares Quellwasser trinken und ihre Speisen geniessen darf, die mit Wild und Fisch, mit Beeren und Pilzen so prallvoll von Natur sind. Vor allem aber, dass ich eine Gegend bewohnen kann, die noch ursprünglichste Naturnähe bietet und Menschen, die unversehrt vom Schmutz der Welt, echt und lebenstüchtig, zwar schlau wie der Fuchs bisweilen, jedoch auch weise wie der Bär hier am Rande der Welt ihr eigenes Leben leben und ihre Signalfeuer auch in der dunkelsten Polarnacht leuchten lassen. Das heisse ich Lebenskunst und Lebensfreude!

Die nordische Natur und ihre Zauberwelt

Wer in der Natur einen Gegenpol zu Alltagsplage und Alltagssorgen sucht, den beeindruckt nichts so sehr wie ihre Stille. Ihm ist, als rühre eine grosse zärtliche Hand an seine Seele und höbe ihn weit über alles, was ihn bedrückt und bedrängt. Genauso fühlten schon unsere Vorfahren weit oben in Lappland. Ursprünglich vom reinen Naturglauben erfüllt, verehrten sie Bäume und Büsche, Steine und Strünke, Seen, wohlgestalte Hügel und Berge und suchten so ihre Dankbarkeit und Demut auszudrücken, als wollten sie sagen: Dein Wille geschehe. Denn zutiefst erahnten sie das Wirken eines Höheren, aus dessen Hand alles Dasein stammt, ausgeliefert seiner Gnade und Ungnade, verletzlich wie du und ich. Denn jeden Augenblick kann ich straucheln, von einer Stromschnelle fortgerissen, von einer Schlucht verschlungen werden, gleich einem Raubtier stehenden Fusses von einem tödlichen Pfeil getroffen werden und mich im Todeskampf wälzen. So entstanden die Kultsteine, die «heiligen» Stromschnellen und Quellen, an denen unsere Ahnen die zarten Schemen der Elfen zu gewahren glaubten, oder aus Baumstrünken ragend die schauerlichen Tiergestalten des Bösen selbst, des «piessa», oder auch die edle Erscheinung der Waldmutter.

Kaum zwanzig Jahre ist es her, dass ich in Moskuvaara, nordöstlich der Gemeinde Sodankylä, Lehrerin war. Dort wusste mir der achtzigjährige Sanfrid zu erzählen: Sein Grossvater, der habe die Waldmutter noch in ihrer ganzen Pracht gesehen. Da habe doch der Grossvater nächtens im tiefen Wald nach der Kuhherde suchen müssen, denn zum abendlichen Melken war sie ausgeblieben. Schon fürchtete er, ein Bär sei in die Herde eingefallen. Es ging gegen Ende Juli, und siehe da, einige Kilometer vom Hof entfernt lagerte das Vieh mitten auf einem Feld, das unversehens von Röhrenpilzen übersät war. Auf den Ruf des Bauern habe es sich munter vom Lagerplatz erhoben und den Weg nach dem heimischen Stall eingeschlagen. Ja, fast im Galopp strebten die Tiere heimzu. Der Grossvater sei etwas langsamer nachgekommen, um zu horchen, ob der Bär nicht doch irgendwo in der Nähe sei, denn

damals, vor hundert Jahren, konnte man ja nie wissen, wo er sich herumtrieb. Die Sonne sei eben am Aufgehen gewesen. Der Alte sei stehengeblieben und habe zugeschaut, wie eine Renmutter ihr Kalb an einer kleinen Quelle tränkte. Nun habe er sich umgewandt, um den Kühen zu folgen, da sass, nur ein paar Fuss entfernt auf einem Stein, eine bezaubernd schöne, hochgewachsene Frau; die habe ihr helles Haar gekämmt, das wie ein goldenes Vlies ihre Schultern umwallte. Offen habe sie den Alten angeblickt, gelächelt, und der rötliche Schimmer der Morgensonne habe auf ihrer nackten Haut geruht wie eine purpurne Decke.
Wie angewurzelt habe der Grossvater dagestanden, gleichzeitig entflammt von Verlangen nach der Gestalt. Er tat ein paar Schritte, um die Frau zu umarmen. Schon sei er ihr näher gewesen, da knackte ein dürrer Zweig unter seinem Bastschuh – und die Erscheinung sei vor seinen Augen vom Stein verschwunden, auf dem sie gesessen hatte. – «Der Fels hat sein Eigentum behalten», erzählte Bauer Sanfrid und fuhr fort: «Der Alte hat gesucht und gesucht, doch die Waldfrau kehrte nicht wieder, sie tauchte nirgends mehr auf, auch später nie. Aber von edler Gestalt sei sie gewesen, schön mit dem Goldhaar, dem offenen Gesicht und mit Augen wie Quellen, so tief hineinzuschauen, dass man sie nie vergessen konnte. Zum Kuckuck, dass das Reisig knacken musste; sein Leben lang hat es den Greis gewurmt.

– «Und was geschah danach mit dem Grossvater?», fragte ich.
– «Na, das war ja das Schöne: Immer wenn er auf Jagd oder Fischfang war, kehrte er mit reicher Beute zurück. Er wurde auch ein so guter Schütze, dass er manchen Bären und Elch erlegte. Das war eben das Werk der Waldfee, der schönen und gutherzigen, die den Wildmarkbewohner belohnen wollte.»

Eine Fee ganz anderer Art hatten die Männer von Törmäsjärvi Ende des letzten Jahrhunderts gesehen. Sie hatten sich am Ahvenjärvi, dem Nachbarsee des Törmäsjärvi, zum Kartenspiel niedergelassen. Wiederum herrschte schönes Sommerwetter, der Abend rückte näher. Wie ein bunter Spiegel funkelte der Ahvenjärvi, weiss die Überlieferung zu berichten. Kein Lüftchen regte sich. Doch plötzlich stieg ein Wirbelwind wie eine Säule auf – daneben ein grosses weibliches Wesen, mit wirren Strähnen, mit gebleckten, harkengleichen Zähnen, mit Händen und Füssen, so derb wie dürres dickes Astwerk der Eberesche. Ein grauenvoller Anblick war das für die Kartenspieler, Karten und Geld jedoch gab's nicht mehr auf dem Brett: Mit dem Luftwirbel fegten sie gegen den Himmel und verschwanden, buchstäblich vom Winde verweht. Seit diesem Ereignis rührten jene Bauern keine Spielkarten mehr an, sie wurden gläubige Männer, ja, seither wird in den Häusern um den Törmäsjärvi das Christentum hochgehalten.

In Sodankylä belehrte mich seinerzeit Mutter Teoduura: «Zaubern kann, wer Zauber braucht. Doch nicht alle bedürfen der Zauberei, nicht alle sind ihrer mächtig», fügte sie hinzu. «Sehen Sie, die Natur ist voll von Dingen, die wir nicht gewahren, doch die im Jenseits sehen sie.» Der Ameisenhaufen hat seinen Schutzgeist, der See den seinigen. Die Skoltlappen Russlands, die ehedem die grossen Urwälder Petsamos an der Barents-See beherrschten, pflegten – obwohl schon fromme Orthodoxe – noch im letzten Jahrhundert vor dem Wassergeist niederzuknien und um Gnade zu bitten, bevor sie ihre Fahrt durch die Stromschnellen antraten oder einen stürmischen See überquerten. Sie stellten sich im schäumenden Wellengang und im Sturm den Wassergeist vor, der zornig um sich schlug. Jacob Fellman, ein bekannter Lapplandforscher, erzählt davon in seinen «Notizen aus Lappland»; und er ist nicht der einzige, der solche Erkenntnisse aufgezeichnet hat. Jeder Verfasser, der diese arktischen Gegenden bewandert oder bewohnt hat oder hier geboren ist, weiss, dass es in der Natur Dinge gibt, die nur ihrer Entdecker harren.

Die Luft vibriert hier anders als dort, wo viele Leute leben. Wenn der Herbst kommt, wenn die zauberhafte «ruska»-Zeit vorbei ist, die Bäume ihr sommerliches Blätterkleid endgültig abgelegt haben, die Zugvögel dem Süden entgegenstreben und die ersten Frostnächte ihre Fäuste der feuchten Erde aufgezwungen haben, erlebe ich das Wandern im Wald auf eine ganz andere Art als im Frühling nach der Schneeschmelze. Die Wildmark erwacht dann zu regem Leben. Alles ist erfüllt vom Zwitschern der Vögel, die Zeit der Paarung, die hohe Brunftzeit rückt heran, und ein grüner Schleier überzieht das arktische Land. Der Lebensdrang feiert Feste. Überall an Berghängen und Tunturikuppen, wo immer sich ein paar Sandkörner oder eine Handvoll Erde finden, setzen das miniaturartige Rhododendron oder die liebliche Lappen-Diapensia («uuvana») oder die Silberwurz («lapinvuokko») ihr zähes Wurzelwerk an und recken ihre zarten Blüten lichtwärts. An Licht gebricht's denn auch mitnichten: Eine halbe Ewigkeit kann der Polartag andauern, bis über zwei Monate, im Mai beginnend und endend im Juli. Doch entsprechend lang ist auch die Polarnacht: Sie dauert vom November bis in den Januar. Das ist «kaamos», die Zeit der endlosen Dunkelheit.

Wenn ich im Hochsommer die lichtdurchflutete Landschaft durchstreife, sehr oft auch zu Wasser im leichten Boot, dann spüre ich in Wald und See eine kaum sagbare Unberührtheit, rein wie Honig. Zum Greifen nah bisweilen erlebe ich das Einssein von Natur und Mensch, sei's, ein Elch oder Fuchswelpe taucht in Sichtweite am Uferrand auf, sei's, ich rudere mein Boot unter dem Geäst einer Hängebirke durch, sei's auch, ein Schwalbenschwanz gaukelt auf mich zu und lässt sich auf dem Bug nieder, als möchte er mir zeigen, wie prächtig er ist. Dann und wann umringt auch ein kleiner Schwarm von Fischen mein Boot, als möchten sie sagen: Auch wir sind hier. Selbst noch zu vormitternächtlicher Abendstunde ertönt vom See her der Ruf des Polartauchers wie ein freundnachbarlicher Gutenachtgruss.

Zur Zeit, da man in südlicheren Gefilden die Erdbeeren erntet, schauen wir auf den umliegenden Mooren nach Moltebeeren aus. Gewöhnlich hat der Frost zwar zum voraus entschieden, wo – wenn überhaupt – welche zu suchen sind. Denn die Moltebeere ist eine recht empfindliche Pflanze, obschon sie auf den frostgefährdeten arktischen Moorgebieten wächst. Schon von ihrer Blüte schrieb mein Dichter-Kollege V. E. Törmänen:

hillankukka – hallankukka
Molteblume – Frostblume.

Das «Nadelhaus» aus Rentiergeweih und -leder erfreut sich bei den Lappenfrauen nach wie vor grosser Beliebtheit

Ihre Blüte ist tatsächlich spröde wie Porzellan, ja, gegen ihre Kronblätter wirkt Porzellan noch wie zäher, dicker Ton. Doch bei gutgesinntem Wetter können die Moore von einem dichten Teppich dieser goldgelben, saftigen Beeren überdeckt sein.
Jedem Beerensammler wird seine Erntelese zum grossen, spannenden Abenteuer, zum kräfteraubenden Stapfen auf den schwankenden Aapa- und Jänkämooren. Gleich Herrgottsengeln posaunen die Kraniche die volle Reife des Sommers aus. Die Sonne röstet vom Himmelszelt die Rücken der Beerensammler, sticht auf ihre Gesichter ein, im Verein mit den Mückenschwärmen,

den anhänglichsten Plagegeistern des nordischen Menschen. Und doch, die Beeren müssen gepflückt werden. Selten zwar geschieht, was die alte Grossmutter Riesto erlebte, als sie beim Beerensammeln auf den weiten Mooren Sompios plötzlich eine Bärentatze auf ihrer Schulter spürte.
Sogleich kam ihr jedoch der Rat der Mutter in den Sinn: Was immer du im Walde siehst, hörst und erlebst, lass dir nichts anmerken, sondern segne dich nur. So pflückte sie denn mit der Bärentatze auf der Schulter weiter und flüsterte: Hab Dank, lieber Vater im Himmel, dass du mich nicht als Bärenfrass erschaffen hast. Und siehe da, der Murrkopf hob seine schwere Tatze von der Schulter des Weibleins und zottelte davon. Auch die Grossmutter schaute sich nicht weiter um, sondern setzte das Pflücken fort.

Merkwürdig war auch, was der berühmte alte Bärenjäger Pekka Nilivaara von seinem Grossvater erzählte. Die beste Kuh des Hauses war im dunklen Wald geblieben, nahe bei den heimischen Weiden, wie sich später herausstellte. Der Grossvater machte sich auf den Weg, ungewiss, ob sie schon ein Opfer des Bären oder noch am Leben sei. Bei sich trug er einen Schlüsselbund. Einen solchen mitzunehmen riet die Sippenwahrsagerin jedem, der nach Verlorenem im Wald suchte. Es war um die Zeit des Johannisfestes, die Zeit der hellen Nächte. Der alte Bauer horchte an einem Hügelhang herum. Zur Geisterstunde hörte er von weit her wie aus den Tiefen der Erde den Klang einer Glocke. Seine Linke fuhr in die Hosentasche und umklammerte den Schlüsselbund. Er schaute um sich und wagte kaum, sich zu bewegen. Dann gewahrte er ein Wunder: Ganz nahe, zwischen halbwüchsigen Kiefern, stand seine Karjamuori, mit einer Glocke um den Hals, und ein dreikäsehohes Männlein molk sie über einem hohen, silbergrauen Eimer, indem er auf dem Rand des Kübels herumturnte und an den Zitzen zog, dass die Milch ins Geschirr hineinzischte, als wäre ein Erwachsener am Werk. Glücklicherweise hatte der Zwerg dem Grossvater den Rücken zugekehrt und bemerkte nicht, wie jener nun langsam den Schlüsselbund aus der Tasche zog und für sich betete: Lass, Herr, Karjamuori gerettet werden.

Im gleichen Augenblick warf er auf gut Glück den Schlüsselbund über die Kuh. Was dann geschah, wirkte nur noch drollig: Karjamuori sei wie aus dem Schlaf gefahren, habe sich geräkelt und die Glocke geschüttelt, die nun im altgewohnten Ton erschallte. Vorsichtig habe sich der Alte danach an seinen Schützling herangemacht und nach dem kleinen Mann und dem Eimer gesucht – beide waren spurlos verschwunden! Dort aber, wo der Kübel gestanden hatte, ragte der lange, hohle Strunk einer alten, silbergrauen Dörrkiefer empor; er sah tatsächlich wie ein Eimer aus.

– «Was wäre geschehen, wenn Karjamuori im Wald geblieben wäre?», fragte ich Onkel Pekka neugierig.
– «Nun, nichts Besonderes. Nur hätten die Gnomen die Kuh leergemolken, und der Wald hätte sie als sein Eigentum behalten. Dieses Erlebnis hatte allerdings die Kuh so sehr verschreckt, dass sie nicht mehr als Leittier dienen konnte, aber eine gute Melkkuh blieb sie doch, nur lief sie stets als letzte in der Herde und äugte argwöhnisch zurück.»

In den grossen Urwäldern, in der Einsamkeit der Wildmark, hat der Mensch durch die Jahrhunderte hören und lauschen gelernt. Immer noch gilt, dass im Sausen des Windes der Schöpfer spricht. Im Duft der Blumen lebt Gottes Geist. Ein Mensch, der mit seiner Mühsal einsam kämpft, vom nächsten Nachbarn meilenweit entfernt, muss bei seinen «Nächsten» Zuflucht suchen, bei den Tieren, den Bäumen und Büschen des Waldes. Von der gottgeschaffenen Wildmark geht bisweilen die gleiche Kraft aus wie von der Kirche, die der Mensch zur Ehre Gottes schuf. Ja, ein wundersames Gefühl der Geborgenheit verbindet die meisten Lapplandbewohner, obschon oder gerade weil sie, durch gewaltige Entfernungen getrennt, weit auseinander leben.

Lied von der Rentierherde auf der Varangerhalbinsel

Die Rentierherde der Varangerhalbinsel
Läuft am Felsen und steinigen Hochland.
Die üppigen Tiere schwingen ihre behaarten Fersen
Um die Felsenspitzen herum.
Das grosse weisse Rentier leuchtet
Auf dem Scheitel des Hochgebirges
Emitoaivve bei Annijokka.
Stolz trägt es sein grosses Geweih.

Lied von Ellen Dobba

Sie hat die Bissigkeit eines Erlengestrüppes.
Sie ist rasch wie ein Handwerker,
Tüchtig wie ein Pfarrer,
Böse wie der Teufel.
Sie ist also ein Mädel,
Ein hübsches Mädel ist sie.

Aus: Eliel Lagercrantz, Lappische Volksdichtung Band IV,
Mémoires de la Société Finno-Ougrienne 120, Helsinki 1960.

57

58

59

60

62

63

64

67

68

69

70 ▽

Die Wirtschaft

Die Bewohner Lapplands und ihre Arbeit

Wegen der unklaren geographischen Begrenzung Lapplands kann dessen Bevölkerungszahl nur geschätzt werden. Sie dürfte ungefähr eine halbe Million betragen. Davon sind nur 34300 oder rund 7% Lappen. Diese verteilen sich auf das «Lappland über vier Reiche» wie folgt: in Norwegen leben 20000, in Schweden 10000, in Finnland 2500 und in der Sowjetunion 1800 Lappen. Dass Norwegen den grössten Anteil aufweist, erklärt sich durch die relativ günstigen Lebensbedingungen an der Atlantik- und Eismeerküste: das niederschlagsreiche Klima mit milden Wintern, die bevorzugte Verkehrslage mit einer Reihe guter Häfen und nicht zuletzt die fischreichen Küstengewässer. Dies ist auch der Grund, weshalb sich unser ethnologischer Beitrag (S. 58ff.) speziell mit den Lappen Norwegens beschäftigt.

Obwohl die Lappen zahlenmässig eine verschwindend kleine Minderheit ausmachen, bilden sie mit ihrer althergebrachten Lebens- und Wirtschaftsweise in manchen Landstrichen heute noch die charakteristische Bevölkerung; dies vor allem deshalb, weil verhältnismässig viele Zugewanderte – besonders die Angestellten der Bergwerke – nicht beabsichtigen, ihr ganzes Leben im hohen Norden zu verbringen, und sich deshalb auch nicht assimilieren.
Die Wirtschaft Lapplands beruht seit alters her auf der Urproduktion. Jagd, Fischerei und Rentierhaltung, diese alten primären Erwerbszweige, werden in anderen Abschnitten unseres Buches gewürdigt. Wichtig, und wohl so alt wie diese, ist die Holzwirtschaft, besonders im Bereiche des Nadelwaldes. Im dämmrigen Winter, wenn Stein und Bein noch gefroren ist, wenn das Land, die vereisten Seen und Flüsse von Schnee bedeckt sind, wechseln zahlreiche Lapplandbauern ihren Beruf: sie werden Waldarbeiter. In den sonst stillen, abgelegenen Wäldern heulen Motorsägen auf und viele Bäume stürzen krachend zu Boden. Allerdings sorgen die Förster mit strengen Vorschriften dafür, dass der Wald nicht übernutzt wird. Sie wenden auch die modernsten wissenschaftlich erprobten Methoden an, den Wald zu

hegen und zu pflegen. So werden seit den sechziger Jahren gewisse Wälder sogar gedüngt. Damit hat man vor allem in den finnischen Moorwäldern gute Erfolge erzielt.
Die Äste und häufig auch die Rinde der gefällten Bäume werden sorgfältig entfernt, und bald liegen die Stämme zum Abtransport bereit. Starke Traktoren, nur noch selten Pferde, schleifen sie auf den Winterwegen zu den Flüssen und Seen. Wenn die Macht des Winters gebrochen ist, wenn sich kleine und grosse Bäche zu reissenden Strömen vereinigen, beginnt die Zeit des Flössens. Die Stämme werden auf ihrer Fahrt sich selbst überlassen; herrenlos treiben sie einzeln oder gruppenweise langsam flussabwärts. An Flussengen oder bei Stromschnellen entsteht oft ein Gedränge, so dass sich einzelne Stämme hoch aufbäumen. An besonders gefährdeten Stellen, bei Brükken, Wehren und Riesen, aber auch vor den Lager- und Verladeplätzen an der Küste stehen starke, wagemutige Flösser bereit, das Durcheinander zu entwirren und die Stämme in die gewünschten Bahnen zu leiten. Gewandt setzen sie über das Wasser auf das schwimmende Holz, springen von Stamm zu Stamm und verrichten ihre ordnende Arbeit; oft übertönt ihr lautes Rufen das tosende Wasser. Viel Holz aus den innern lappländischen Nadelwäldern gelangt nach langer Reise an die Küste des Bottnischen Meerbusens, vor allem nach Oulu und Kemi, wo es verarbeitet und dann als Schnitt- und Brennholz – neuerdings auch als Sperrholz und Faserplatten – exportiert wird. Wenn auch die Holzwirtschaft in Lappland bei weitem nicht so ertragreich ist wie in den südlicheren Regionen Finnlands und Schwedens, so bildet sie doch für den kargen Norden einen wichtigen Wirtschaftszweig.
Auch die Landwirtschaft hat in diesen nördlichen Breiten noch eine gewisse Bedeutung. Seit jeher konnten sich die Fischer an der norwegischen Küste einen guten Teil ihres Bedarfs an Kartoffeln, Getreide, Gemüse, Fleisch und Milchprodukten aus ihren eigenen Bauernbetrieben decken. Fährt man mit einem der gemütlichen Schiffe der «Hurtigrute» von Narvik nach Tromsö oder gar bis Kirkenes, dann erblickt man auf den wenigen kleinen Küstenebenen Rodungen mit einigen aus rohem Holz gezimmerten, von der Sonne

und Verwitterung braun gefärbten Häusern, auf deren Dach Gras oder Moos wächst. Andernorts sind die Häuser auch rot angestrichen und mit den im Norden üblichen weissen Fensterumrahmungen geschmückt. Und nie fehlen bei diesen Siedlungen die hohen Holzgestelle zum Trocknen der Stockfische! Das sind die Heimwesen der Fischerbauern. Rings um die Höfe breiten sich grüne Matten und kleine Äcker aus. In Reih und Glied, wie grosse grüngelbe Fingerhüte, stehen die Heureuter auf den Wiesen. Immer häufiger wird das Gras auch an Drähten zum Trocknen aufgehängt. Im klimatisch weniger bevorzugten Binnenlappland gibt es nicht so viele Bauernhöfe, denn dort ist das Leben hart und die Ernteerträge sind gering. Um so mehr muss man die Frauen und Männer bewundern, die nach dem Zweiten Weltkrieg als Flüchtlinge aus der heute zur Sowjetunion gehörenden Karelischen Landenge, aus dem fruchtbarsten Gebiet, das Finnland einst besass, nach Lappland kamen, um fern von ihrer früheren Heimat eine neue Existenz zu gründen.

Knochennadel. Das Ren liefert praktisch alles für Nahrung und täglichen Gebrauch des Lappen

Wir besuchten einen solchen Neusiedlerhof. Er liegt 30 km von der nächsten grösseren Ortschaft entfernt, mitten im lappländischen Urwald. Man sieht es der Bäuerin und dem Bauern an, dass sie harte Arbeit zu leisten haben; etwas schwerfällig, jedoch kraftvoll ist ihr Gang, braungegerbt von Sonne, Wind, Regen, Schnee und Kälte ihr Gesicht, wortkarg ihr Wesen. Mit zurückhaltender, aber echter Freundlichkeit heissen sie uns, die Unbekannten, willkommen und sind gerne bereit, uns Haus und Hof zu zeigen. Der Staat hat ihnen das Land zur Verfügung gestellt. Es ist nicht leicht, auf «vorgeschobenem Posten» einen Landwirtschaftsbetrieb aufzubauen. Ohne den grossen Waldbesitz wäre dies nicht denkbar. Während der dunklen Wintertage beschäftigen sich der Bauer und seine Söhne mit Baumfällen und Holztransporten, was einen zusätzlichen Verdienst bringt. Der Anbau von Kartoffeln, Gerste, Roggen und Hafer spielt eine kleine Rolle, da die frostfreie Zeit in günstigen Erntejahren nur drei Monate dauert. Dank der hellen Sommernächte braucht die Gerste nur siebzig Tage von der Aussaat bis zur Ernte; sie bildet das Hauptgetreide in Lappland. Günstiger sind die Voraussetzungen für die Rinderhaltung. Während der kurzen Sommerzeit bleiben die Tiere Tag und Nacht auf den Waldweiden. Auf den saftig grünen Kunstwiesen wird das Heu für den langen Winter geerntet. Nahe beim Hof befindet sich ein kleiner, sorgfältig gepflegter Garten mit etwas Gemüse, Beeren und vielen bunt leuchtenden Blumen.

Das Wohnhaus, der Stall, die Tenne, die Vorräte- und Gerätehäuser, die Sauna – alles rot angestrichene Holzbauten – umschliessen auf drei Seiten einen rechteckigen Platz, auf dem ein Ziehbrunnen mit langem, schräg in die Luft ragendem Holzarm und eine weisse Holzschaukel stehen. Das Wohnhaus ist zweigeschossig, der Eingang durch einen hübschen Vorbau vor Wind und Wetter geschützt. Auf das Dach führt eine Brandleiter. Die geräumige helle Stube zeugt von gediegener Wohnkultur. Etwa ein Viertel des Raumes nimmt der gemauerte Ofen ein. Den Tisch schmücken eine handgewobene Leinendecke mit kunstvoller Stickerei und ein froher Blumenstrauss. Bunte Vorhänge und zahlreiche Zimmerpflanzen zieren die Fenster.

Ein grosser, selbstgeknüpfter Teppich, ein gewobener Wandbehang mit eigenartigen, farbenfrohen Mustern, ein stattlicher Kasten aus hellem Birkenholz und ein Schaukelstuhl sorgen für Behaglichkeit. Natürlich fehlt der Radioapparat nicht – er stellt oft wochenlang die einzige Verbindung zur übrigen Welt dar! Die ganze Ausstattung – wie die Beschläge am Kasten und an den Türen, die Bilderrahmen und Blumenvasen – zeigt, dass die Bewohner viel Sinn und Geschmack für das bäuerliche Kunstgewerbe haben. – Wie gemütlich muss es in dieser Stube sein, wenn der grosse Ofen wohlige Wärme ausstrahlt, wenn die Hausfrau am Rye (Knüpfteppich) arbeitet, der Bauer, eine Pfeife rauchend, sich im Schaukelstuhl wiegt und draussen der Wintersturm den Schnee über das Land fegt.
Stallung und Scheune sind unter demselben Dach. Zwei hörnerlose Kühe stehen im weissgekalkten Stall, die übrigen zwölf Tiere sind auf der Weide. Durch eine Verbindungstüre gelangt man in die Sennerei, die ebenfalls als Küche eingerichtet ist. Überall herrscht Sauberkeit wie in einem Musterbetrieb. Und dies weit nördlich des Polarkreises inmitten des lappländischen Urwaldes! – Die liebenswürdigen Bauern lassen uns nicht ziehen, ohne uns noch ein Glas erfrischende Sauermilch zu offerieren. Wie lange wird es dauern, bis sie das nächste Mal Besuch erhalten?

Die Ausführungen in diesem Buch über den Eisenerzabbau in Schwedisch-Lappland zeigen, dass der Bergbau eine ungeahnte wirtschaftliche Bedeutung für den Hohen Norden erlangt hat. Auch das übrige Lappland besitzt Bodenschätze. Das grösste Bergbauunternehmen von Norwegisch-Lappland befindet sich in Sydvaranger, im nordwestlichsten Winkel des Landes, nahe der Grenze gegen die Sowjetunion. Das Erz, ein Magnetit von 33–36% Eisengehalt, kommt in schwarzen Bändern in gneisartigem Gestein vor.
Der hochmechanisierte Tagebau wird auch während des dunklen Winters nicht unterbrochen. Das Erz wird bei der Abbaustelle in einem Brecher zerkleinert und per Bahn zur Scheideanstalt nach Kirkenes gebracht. Von dort wird ein Konzentrat mit 65% Eisengehalt und geringem Phosphoranteil ex-

portiert. Die Jahresproduktion von Sydvaranger beträgt im Mittel 1,5 Millionen Tonnen. In der Nähe von Mo i Rana, der «Stadt unter dem Polarkreis» im Innern des Ranafjordes, befindet sich eine grosse Lagerstätte von Hämatit-Magnetit-Erz mit einem Eisengehalt von 30–35%. Da die Aufbereitung dieses Erzes kompliziert ist, musste zuerst ein geeignetes, rationelles Verfahren entwickelt werden, so dass erst 1964 mit dem Abbau begonnen werden konnte. Heute besitzt das Eisenwerk von Mo i Rana einen der grössten Roheisenschmelzöfen der Erde sowie eine 600 m lange Walzstrasse. Der Ort Mo i Rana ist zudem bekannt wegen seiner Holzkirche aus dem 18. Jahrhundert mit Zwiebelkuppel und wegen des Rana-Bygde-Museums, in dem eine Lappen-Abteilung und eine geologische Sammlung untergebracht sind. Schliesslich besitzt Norwegisch-Lappland in Sulitjelma, östlich des Saltdalsfjordes nahe der schwedischen Grenze, eine Lagerstätte mit grobkörnigem Pyriterz, das wegen seiner bedeutenden Kupferbeimengungen gewonnen wird. In einer grossen Aufbereitungsanlage nahe den Gruben wird reines Kupfer geschmolzen.

Finnisch-Lappland musste 1945 seine wertvollsten Erzlagerstätten, die Nickel-Kupfer-Gruben von Petsamo (heute russisch: Petschenga), mit dem eisfreien Küstengebiet und dem gleichnamigen Hafen am Nördlichen Eismeer an die Sowjetunion abtreten. – Ausser dem Gold, das heute nur noch von Hobbygoldwäschern gewonnen wird und deshalb für den Tourismus eine gewisse Attraktion darstellt, gibt es in Finnisch-Lappland noch drei erwähnenswerte Vorkommen von Bodenschätzen. Das eine ist die Lagerstätte mit Magnetit und Hämatit mit 30 bis 40% Eisengehalt bei Kolari am Törneälv an der schwedischen Grenze. Die andern, die Eisenerzlager bei Kärväsvaara und bei Raajärvi, liegen östlich von Rovaniemi. Die Erze dieser Bergwerke werden in den Hochöfen von Raahe, einem kleinen Hafenort in Südfinnland in der Nähe von Pori, verhüttet. Im östlichsten Lappland, auf der sowjetischen Halbinsel Kola, werden Apatit-Nephelin-Erze in der Chibiny-Tundra sowie Nickelvorkommen in der Montsche-Tundra und im schon erwähnten, früheren finnischen Petschenga-Tunturigebiet abgebaut.

Als Stallo Steine in den Kochtopf bekam

Eines Abends liefen die Kinder der Sameh im Mondschein Ski. Da kam Stallo mit seinem grossen Sack daher. Er fing die Kinder und steckte sie in den Sack, um eine gute Mahlzeit zu bekommen. Er nahm den Sack auf den Rücken und begann heimwärts zu wandern. Aber plötzlich musste er haltmachen und beiseite gehen, um eine Notdurft zu verrichten. So stellte er den Sack ab. Darauf hatte der grösste Junge im Sack nur gewartet. Er hatte ein Messer bei sich und damit schnitt er sogleich ein Loch in den Sack. Die Kinder krochen schnell heraus und warfen stattdessen Steine hinein, bis der Sack ebenso schwer war wie zuvor. Dann liefen sie weg. Nur der Junge mit dem Messer blieb zurück und legte sich auf die Lauer. Stallo kam, griff zu seinem Sack und machte sich auf den Weg nach Hause. Als er sich der Höhle näherte, rief er seiner Alten zu: «Mach' ein gutes Feuer, denn jetzt komme ich mit etwas Gutem zum Kochen!» Darauf kletterte er mit seinem Sack zur Höhle hinauf, wo seine Alte den Kessel schon über dem Feuer hatte. Und Stallo leerte den ganzen Sack durch den Rauchfang gleich in den Kessel... Die Steine polterten in den Kessel. Der Kessel platzte. Das kochende Wasser spritzte nach allen Seiten, verbrühte die Alte und löschte das Feuer. Und so bekam Stallo statt einer guten Mahlzeit nur Steine. Der Junge mit dem Messer aber lief lachend nach Hause.

Aus: Ernst Manker, Volk der acht Jahreszeiten – Das grosse Lapplandbuch,
BLV Verlagsgesellschaft München/Basel/Wien 1964

79

80

77 78

76

73

74

75▷

Eisenerzabbau in Schwedisch-Lappland

Geschichte. Nördlich des Polarkreises, auf den gleichen Breitengraden wie das nördliche Alaska und die Tundren Sibiriens, liegen die grossen schwedischen Eisenerzvorkommen, die seit dem Ende des 19. Jahrhunderts von der Luossavaara-Kiirunavaara AB – LKAB – abgebaut werden: die Vorkommen von Kiruna einschliesslich Kiirunavaara, Luossavaara und Svappavaara sowie Malmberget.

Diese Vorkommen waren bereits im 17. Jahrhundert bekannt. Es wurden auch immer wieder Versuche unternommen, das Erz abzubauen, zu transportieren und auf den Markt zu bringen, aber der Mangel an Kapital und an Transportmitteln machte die Ausbeutung der Vorkommen unmöglich. Dazu kam, dass das Erz phosphorreich ist, weshalb sich mit den damals bekannten Methoden nur ein Eisen von minderer Qualität herstellen liess. Dennoch versuchte man den Abbau. Das gewonnene Erz wurde mit dem Rentierschlitten, der Ackja, zu den Hochöfen an der Küste transportiert. Die Quantitäten dürften nicht besonders gross gewesen sein, wenn man bedenkt, dass ein heutiger Erzzug die Last von 30000 Rentierschlitten transportiert.

Vor allem zwei Gründen ist es zu verdanken, dass der Abbau des Erzes im Ausgang des 19. Jahrhunderts aufgenommen werden konnte: der Erfindung des Thomasverfahrens[1] im Jahre 1878 und – zehn Jahre später – dem Bau der Eisenbahn. Dieser begann am Bottnischen Meerbusen, in Luleå, und die erste Strecke bis Malmberget wurde 1888 fertiggestellt. Später folgte das Teilstück bis nach Narvik, das 1902 beendet wurde. Am 14. Juli 1903 weihte der damalige König Oscar II. die Bahnlinie an der Grenze zwischen Schweden und Norwegen ein – die beiden Länder bildeten damals noch eine einzige Nation.

Dort, wo heute die modernen Ortschaften Kiruna und Malmberget liegen, breitete sich vor dem Erzabbau eine Wildnis aus. Die Lappen führten im

Herbst und im Frühjahr ihre Rentierherden zu den Weideplätzen, und vielleicht hatte sich dann und wann ein vereinzelter Wissenschaftler oder verwegener Tourist so weit nördlich vorgewagt. Narvik mit dem damaligen Namen Viktoriahamn war ein unbedeutender Fischereihafen, heute ist es jedoch, was die Tonnage betrifft, der grösste Hafen im Norden.

Dank der Forschungen und Vorbereitungen bester Fachleute, die für LKAB arbeiteten, wurde es möglich, den Erzabbau in Kiruna und Malmberget einzuleiten. 1890 erfolgte die Gründung der Firma, und 1907 beteiligte sich der Staat am Unternehmen mit dem Erwerb von 50% der Aktien, während die andere Hälfte der Aktien der Firmengruppe Grängesberg gehörte. 1957 machte der Staat von seinem bereits früher ausgehandelten Recht Gebrauch, weitere 46% der Aktien zu erwerben, und im selben Jahr übernahm er auch noch den Rest der Aktien der Gränges AB in LKAB, so dass sich das Unternehmen nun vollständig in Staatsbesitz befindet. Seit 1970 gehört LKAB dem staatlichen Konzern Statsföretag AB an.
Obwohl anfänglich ausschliesslich auf den Eisenerzabbau konzentriert, beschäftigt sich LKAB heute über seine Tochtergesellschaft AB Statsgruvor in Mittelschweden auch mit Sulfiderzen, zudem mit dem Abbau von Quarz, Quarzit und Feldspat in mittelschwedischen Betrieben, die zur Tochtergesellschaft AB Forshammars Bergverk gehören; hier werden auch Materialien zur Ausfütterung der Hochöfen produziert, und in Kiruna stellt eine Tochterfirma gleichen Namens den Sprengstoff Kimit her. Ein anderes Tochterunternehmen, die Tuolluvaara Gruv AB, baut in einem Bergwerk bei Kiruna Eisenerz ab. LKAB untersucht auch die Möglichkeiten zur Urangewinnung in Lappland und in Südwestschweden. Vor allem in Lappland zeigt das Unternehmen ausserdem an anderen Mineralien Interesse. Eine Studie über die Möglichkeiten des Eisenerzabbaus in Kaunisvaara, nahe der finnischen Grenze, ist ausgearbeitet worden. Daneben wahrt LKAB seine Interessen in Firmen, die nach Öl bohren und mit Ölprodukten handeln. Schliesslich hat sich LKAB in geringerem Umfang in der internationalen

Beratertätigkeit, vor allem in Afrika, engagiert, besonders für die Belange des Eisenerzabbaus und der Stahlveredelung. Die Zahl der Beschäftigten beim LKAB-Konzern beträgt etwa 8000; von diesen arbeiten rund 50% in Kiruna. Im Unternehmen sind etwa hundert verschiedene Berufe vertreten.

Organisation. Die zentrale Leitung von LKAB – das Konzernbüro – befindet sich in Stockholm. Eine Regionalverwaltung, deren Hauptaufgabe die Koordination des Eisenerzabbaus ist, hat Sitz in Kiruna. Diese besitzt Bergwerkverwaltungen in Kiruna und in Malmberget sowie Hafenverwaltungen in Narvik und in Luleå. Zusammen mit Gränges AB ist LKAB Besitzer der Verkaufsorganisation Malmexport AB, deren Aufgabe es ist, die Beziehungen zu den internationalen Kunden zu pflegen und die Entwicklungen auf dem Erz- und Stahlmarkt zu verfolgen. Malmexport besitzt Tochtergesellschaften in den drei grössten Kundenstaaten: in der BRD (Essen), in Belgien (Brüssel) und in Grossbritannien (London). Die heutige Produktions- und Lieferkapazität liegt bei etwas über 30 Millionen Tonnen pro Jahr; sie wird jedoch in den nächsten Jahren auf etwa 40 Millionen ansteigen.

Das schwedische Erz aus Lappland bildete während der ersten sechs Jahrzehnte unseres Jahrhunderts die Basis für die Eisenherstellung auf dem europäischen Kontinent und in Grossbritannien. In den letzten Jahren hat sich jedoch der Welthandel mit Eisenerz verändert, da vor allem in Australien, Brasilien und Afrika neue Bergwerke in Betrieb genommen wurden. Die Grösse der Erzfrachter nahm sehr schnell zu: Anfang der sechziger Jahre zählte man einen Frachter von 35000 t zu den grossen Schiffen; heute besitzt der grösste Erzfrachter – kombiniert mit der Möglichkeit zum Öltransport – 270000 t. Dies hat einen weltweiten Handel mit Eisenerz zur Folge. Die Konkurrenz nahm rasch zu, und die Stahlwerke erhielten ungeahnte Möglichkeiten, Erze aus allen Teilen der Welt zu kaufen. Heute werden etwa 450 Millionen Tonnen Eisenerz kreuz und quer über die Meere transportiert, und auf allen Ozeanen begegnen sich Erzfrachter mit ihren Ladungen.

Geologie. Mineralien sind in sich einheitliche chemische Verbindungen in der Erdkruste. Eine Gesteinsart besteht gewöhnlich aus mehreren verschiedenen Mineralien. Die Bezeichnung Erz ist ein technisch-wirtschaftlicher Begriff. Falls Erzmineralien in grösserer Konzentration auftreten, kann man von einer Lagerstätte sprechen. Ein Eisenvorkommen wird als Erz bezeichnet, wenn es mindestens 20–30% Eisen enthält. Ein Eisenerzgang besteht aus Erzmineralien und Ganggestein.

In Schwedisch-Lappland kommen Magnetit und Hämatit vor. Magnetit oder Magneteisenstein hat die chemische Bezeichnung Fe_3O_4 und kann theoretisch 72,4% Eisen enthalten; er besteht jedoch meistens aus durchschnittlich 50–60% Eisen und hat den weitaus grössten Anteil an der schwedischen Eisenerzproduktion, nämlich zwischen 85 und 90%. Hämatit kommt gut auskristallisiert als Eisenglanz, feinkristallin als Roteisenstein vor. Eine besonders dichte Abart ist der Blutstein. Hämatit ist ebenfalls ein Oxyd mit der chemischen Formel Fe_2O_3. Er kann theoretisch maximal 69,9% Eisen enthalten und ist im Gegensatz zu Magnetit nichtmagnetisch. Der Eisengehalt in den Hämatitvorkommen variiert erheblich stärker als in den Magnetitvorkommen. Ganggesteinsmineralien sind nichterzhaltige Mineralien, die zusammen mit den Erzmineralien auftreten. Die wichtigsten sind Apatit (Phosphormineral), Quarz, Amphibol, Pyroxen (Kieselminerale), Kalkspat (Kalkmineral) u.a.

Man nahm früher an, dass die Erze von Kiruna und Malmberget auf eruptive Weise entstanden seien. Neuere Erkenntnisse deuten jedoch darauf hin, dass die Erze als chemisch sedimentäre Bildungen entstanden sind, und zwar in Zusammenhang mit denjenigen Vulkanausbrüchen, die zur Bildung des Nebengesteins führten. Die Erzbildungen in Kiruna und Malmberget unterscheiden sich prinzipiell kaum voneinander. Die bestehenden Unterschiede sind darauf zurückzuführen, dass das Malmberget-Vorkommen stärkeren Umwandlungen ausgesetzt war als das Kiruna-Vorkommen.

Als vor ungefähr 1600 Millionen Jahren die Erzbildung einsetzte, waren die betreffenden Gebiete Lapplands von starker vulkanischer Tätigkeit geprägt. 152

Das heraufdrängende Magma kühlte sich rasch ab und erstarrte je nach seiner chemischen Zusammensetzung zu verschiedenartigen feinkörnigen Oberflächengesteinen. Die im Kiruna-Gebiet zuerst austretende magmatische Schmelze erstarrte zu Gesteinen mit sehr feinkörnigen Fliessgefügen, z.T. zu gröberen Porphyren. Zuerst entstand Syenitporphyr (liegender Porphyr). Darauf folgte eine kürzere ruhigere Periode, in der sich das Erz in Becken aus eisen- und phosphorreichen Lösungen absetzen konnte. Durch die folgenden vulkanischen Aktivitäten ergossen sich Laven über das Erz, und es bildete sich eine andere Porphyrart, nämlich Quarzporphyr (hangender Porphyr). Die Erzbildung ging auch während der Entstehung des hangenden Porphyrs weiter, wobei sich die heute im Porphyr anzutreffenden kleinen Erzkörper während Ruheperioden in der vulkanischen Tätigkeit in kleineren Becken absetzten. Über dem Quarzporphyr bildete sich in der Schlussphase der vulkanischen Periode noch zusätzliches Erz. Abschliessend setzten sich rein sedimentäre Gesteinsarten wie z.B. Sandsteine ab. Danach wurden die gesamten Gesteinsschichten seitlich geneigt, so dass sie heute in einem Winkel von etwa 50–60 Grad gegen Osten einfallen.

Das Kiruna-Vorkommen. Wahrscheinlich erst viel später und in Zusammenhang mit der Neigung der Schichten entstanden Verwerfungen, die eine Erklärung für das Vorkommen unterschiedlicher Erztypen wenige hundert Meter südlich von Kiirunavaara bieten. In einer der Schlussphasen wandelte sich ausserdem ein Teil der magnetischen Erzmineralien in unmagnetischen Blutstein um, was die Anreicherung dieser verhältnismässig eisenarmen Erze erschwert und verteuert. Sämtliche Kiruna-Erze sind feinkörnig. Die Grösse der einzelnen Magnetitkörner liegt bei etwa 0,1 mm.

Das Malmberget-Vorkommen. Mit grosser Wahrscheinlichkeit vollzog sich die Entstehung der Erze von Malmberget ähnlich wie in Kiruna. Sie führte hier zur Bildung von einigen langen, geradlinig zusammenhängenden Erzlagerstätten von derselben feinkörnigen Struktur wie in Kiruna. Eine spätere

Umwandlung verlieh den Erzen von Malmberget ihre heutige Grobkörnigkeit (etwa 0,8 mm), wodurch sie wesentlich leichter anzureichern sind als diejenigen von Kiruna. Aus dieser späten Zeit stammen auch die unregelmässigen Erzformen sowie der Einschlag von Granit.

Das Svappavaara-Vorkommen. Die Erze des Svappavaara-Vorkommens stellen eine Zwischenform zwischen den Kiruna- und Malmberget-Erzen dar. Die Umwandlung der Erzlagerstätten von Malmberget und Svappavaara ging etwa folgendermassen vor sich: Maximal etwa hundert Millionen Jahre nach der Erzbildung trat u. a. in grossen Teilen Schwedens und Finnlands eine Gebirgsfaltung ein. In den östlichen und mittleren Gebieten von Schwedisch-Lappland wurden Gesteinsmassen während der Faltung sehr stark in die Tiefe hinabgepresst, wo sie durch grossen Druck und hohe Temperatur plastisch wurden; dabei verdünnten sich die im Vergleich zum Granit wesentlich druckempfindlicheren Erzschichten an manchen Stellen und verdichteten sich an andern. Bisweilen wurde sogar ein Teil des Erzmaterials in den angrenzenden Granit hineingepresst, wo dann teils dürftige Anreicherungserze, teils vereinzelte, kleine Erzkeile entstanden. Gleichzeitig ermöglichte die in der Tiefe lang anhaltende Erhitzung der Erze eine Vereinigung vieler kleiner Körner, die durch den Rotationsdruck eine verhältnismässig glatte Oberfläche erhalten hatten, was das Aneinanderfügen der Körner erschwerte. Das Erz wurde dadurch staubförmig und lässt sich leicht anreichern. Gleichzeitig mit dem Erz wurde natürlich auch das taube Gestein erhitzt, was eine entsprechende Kornvergröberung zur Folge hatte. Die ursprünglichen Porphyre wurden in mittel- und grobkörnige Gneise umgewandelt. An den Stellen mit den höchsten Druck- und Temperaturwerten wurde der Granit aufgeschmolzen und wanderte teilweise in das Erz hinein, wobei es zu einer Verminderung des Eisengehalts kam. Aus der Schmelze erstarrten ausserdem grössere Granitpartien.

Prospektion. Grösse und Bedeutung einer Erzlagerstätte werden durch verschiedene Prospektionsmethoden ermittelt. Auch nach dem Beginn des Abbaus wird die Prospektion fortgesetzt, um die künftigen Abbaumöglichkeiten zu beurteilen. Ein Erzkörper wird mit Hilfe von Instrumenten lokalisiert, die bestimmte charakteristische Eigenschaften des Erzkörpers wahrnehmen. Bei LKAB verwendet man z.B. das Magnetometer, um die magnetischen Eigenschaften einer Lagerstätte zu registrieren, oder das Gravimeter, um das grössere Gewicht des Erzes im Verhältnis zu den umliegenden Gesteinsarten zu bestimmen. Orientierende Erkundigungen werden vom Flugzeug oder Hubschrauber aus vorgenommen, während die gründlichere Erforschung im Gelände erfolgt.

Nach der Eingrenzung einer Erzlagerstätte setzt das Bohren zur Feststellung der Abbauwürdigkeit des Vorkommens ein. Dazu verwendet man Diamantbohrer, die auf hydraulischem Wege und über Rotation ein innen hohles Bohrgestänge in das Gestein einführen. Die ringförmige Bohrkrone am Ende der Sonde ist mit Industriediamanten versehen. Der Bohrkern, der in der Hohlsonde entsteht, wird heraufgezogen und analysiert. Damit können u.a. Lage, Struktur und Eisengehalt der betreffenden Lagerstätte festgestellt werden. Die Probebohrungen werden kontinuierlich fortgesetzt, um eine vollständige Kontrolle über die geologischen Verhältnisse beim Anlegen von neuen Sohlen, Schächten, Förderorten usw. zu gewährleisten. Die gewonnenen Ergebnisse sind auch für die Planung neuer Siedlungen und Fabrikbauten von grosser Bedeutung, weil auf diese Weise die Überbauung von bisher unbekannten Lagerstätten vermieden werden kann.

Abbau. Wichtig für die Wahl der geeigneten Abbaumethode sind in erster Linie Informationen über die Form des Erzkörpers, die Festigkeit des Gesteins, die Erzmineralien usw. Eine bis zur Oberfläche reichende oder nur von einer dünnen Erd- oder Gesteinskruste bedeckte Erzlagerstätte wird im
 Tagebau abgebaut, was im allgemeinen wesentlich einfacher und somit billiger

ist als der Untertagebau. Nachteilig wirkt sich jedoch die Beeinflussung der Umwelt aus. Bei LKAB hält man es für wirtschaftlich, ein tiefer liegendes Erzlager so lange im Tagebau abzubauen, bis beim Abbau der Granit die vierfache Menge des Erzes umfasst. Danach geht man zum Untertagebau über, vorausgesetzt, die Wirtschaftlichkeit ist nach wie vor gewährleistet.

Tagebau. In Svappavaara und den übrigen Tagebaubetrieben wird das Erz durch Scheibenbauverfahren gewonnen. Das Erz wird hier auf horizontalen Scheiben gefördert, die gewöhnlich 30–50 m breit sind. Ein Tagebau wird durch das Öffnen eines Einschnittes mit einem Gefälle von 1:10 und dem Aussprengen einer Grube aufgeschlossen. Beim Erreichen einer Tiefe von etwa 10 m wird die Öffnung durch Bohren und Schiessen an den Rändern erweitert, worauf der eigentliche Abbau beginnt.
Der Bohrvorgang erfolgt in Lochreihen und wird mit Hilfe grosser Bohrgeräte auf Raupenketten vorgenommen. Da die Bohrungen gewöhnlich ohne Zusatz von Wasser durchgeführt werden, sind die Geräte mit Staubfängern versehen. Das Bohrmehl dient für Proben und Analysen. Beim Sprengen wird Slurry verwendet, ein Wasserbrei aus Trotyl, Ammoniumnitrat und Kleister; dieser Brei wird in Zisternenwagen von einer zentralen Aufbereitungsanlage in Kiruna geliefert und direkt in die Bohrlöcher gegossen. Durchschnittlich werden pro Sprengung 22000 t Erz gewonnen. Das Erz wird mit elektrisch betriebenen Baggern ausgeräumt und mit Trucks, die bis 75 t Ladevermögen haben, zu den Brechanlagen transportiert.

Betrieb unter Tage. Als man in Kiirunavaara in den fünfziger Jahren mit dem Abbau unter Tage begann, entschied man sich von Anfang an für den Scheibenbruchbau, der den damaligen Ansprüchen auf eine rationale Abbaumethode am weitgehendsten entsprach. In Malmberget, wo viel früher mit dem Untertagebau begonnen wurde, hat man verschiedene andere Methoden ausprobiert; jedoch hat sich auch hier der Scheibenbruchbau durchgesetzt.

Warum Scheibenbruchbau? Diese Methode wurde aus folgenden Gründen gewählt: sie bietet gute Möglichkeiten für einen selektiven Erzabbau; sie erlaubt den Grossbetrieb mit automatischen Anlagen – Kiirunavaara ist das grösste Bergwerk der Welt unter Tage; sie ist zuverlässig – grosse Bergkammern mit der Gefahr von Einbrüchen oder Senkungen werden vermieden; sie besitzt hohe Betriebssicherheit – durch die grosse Zahl der Orte kann die Förderung auf bereits vorher vorgetriebene Orte verlegt werden, falls lokale Störungen oder Unterbrechungen auftreten; die Planung ist einfach – das Arbeitsverfahren besteht aus wenigen Grundvorgängen (Ausrichtungsarbeit, Bruchbohrungen, Bruchförderung); sie ist verhältnismässig unabhängig von der Gestalt des Erzkörpers innerhalb der möglichen Bruchgrenzen – dies ermöglicht eine weitgehende Vereinheitlichung von Ausrüstung und Arbeitsverfahren im betreffenden Fördergebiet. Daneben erfolgen 20% der Förderung über den Streckenvortrieb. Dieser Anteil ist sehr hoch und erweist sich als kostspielig.

Scheibenbruchbau. Die Brucharbeit besteht aus vier verschiedenen Phasen:

Vorbereitungen	Bohrungen für den Bruch
Ausrichtung	Abräumung des Bruchs

Vor einer Inbetriebnahme müssen Streckensysteme und Fördereinrichtungen sowie Anlagen zur Bewetterung, Wasserhaltung, Frischluftzufuhr und elektrischen Versorgung ausgerichtet werden. Die Streckensysteme dienen dem Transport von Personal, Maschinen und Material und bestehen hauptsächlich aus Schrägstrecken und Horizontalorten. Zu den Fördereinrichtungen gehören vor allem Sturzrollen, Fördersohlen, Brechanlagen sowie Förderschächte zum Transport des Erzes aus der Tiefe. In Kiirunavaara erfolgen die Streckentransporte in die Grube von über Tage aus bis auf ein Niveau von 230 m. Der Transportweg ist so breit, dass im Gegenverkehr zwei grosse Fahrzeuge aneinander vorbeikommen. Die Schrägstrecken besitzen eine Neigung zwischen 1:10 und 1:8, und die Förderstrecken sind gleislos.

 Von den im Granit befindlichen Schrägstrecken aus werden Anschlüsse zur

Erzlagerstätte vorgetrieben. Das Erz wird durch ein System von Orten in geeignete Scheiben aufgeteilt. Die Scheibenhöhe beträgt in Kiirunavaara 11 m, in Malmberget 12,5 m. Danach wird eine Hauptstrecke vorgetrieben, die sich gewöhnlich im Liegenden befindet, wobei alle elf Meter ein Querschlag aufgehauen wird. Das Vortreiben der Orte erfolgt mit mechanischen Bohrgeräten auf Gummirädern.
Die Aufbohrungen für den eigentlichen Bruch können lange im voraus vorgenommen werden. Die Scheibe direkt unterhalb der Aufhauscheibe ist immer aufgebohrt. Die Sohlen werden von jedem Querschlag aus durch eine Reihe fächer- oder siloförmiger Bohrkreise mit einer Neigung von 40° bis 80° zur Horizontalebene geöffnet. Die Bohrungen werden von einem Bohrgerät mit zwei Aufgabevorrichtungen und zwei bis drei Bohrmaschinen vorgenommen; das Bohrgerät wird nur von einem Mann bedient.
Als Schiessladung dient eine Mischung aus Ammoniumnitrat und Dieselöl beziehungsweise der ebenfalls in Kiruna hergestellte Sprengstoff Kimit. Die Ladung erfolgt pneumatisch über Ladetrucks mit Dieselantrieb. Die Sprengungen werden von einer zentralen Schiessanlage gezündet. Das Abräumen nach jedem Schiessen wird mit Schrappern und Trucks vorgenommen. Im Füllort wird das Erz auf Eisenbahnwaggons (in Malmberget auf Trucks) und in Zügen ohne Fahrer zur Brechanlage transportiert, wo es zum grössten Teil bis auf 20 mm zerkleinert wird und anschliessend auf Förderbändern zur Sortieranlage gelangt.
Die auf Gleisen verlaufende Förderung in der Hauptsohle, die zur Zeit auf einem Niveau von 540 m liegt – eine neue Hauptsohle auf 775 m ist soeben in Vorbereitung –, wird von einer CTC-Zentrale[2] aus gesteuert, die an einen Computer angeschlossen ist. Auf diese Weise werden die verschiedenen Erzqualitäten automatisch getrennt.

Proben und Kontrollen. Die verschiedenen Erzqualitäten (phosphorreiche und phosphorarme) müssen auf dem Weg von der Abbaustätte zum Kunden stets genauestens sortiert werden. Vor allem in Kiirunavaara, wo Erze mit verschiedenem Phosphorgehalt auftreten, ist eine genaue Kontrolle des gesamten gewonnenen Erzes erforderlich. Die verschiedenen Qualitäten können anhand von umfassenden Probebohrungen sowie durch chemische Schnellanalysen in beweglichen Feldlabors unter Tage bestimmt werden. Die Erze werden nach Qualität getrennt und in verschiedenen Sturzrollen abgefördert. Da der Phosphorgehalt bisweilen sogar innerhalb einer bestimmten Qualität noch Variationen aufweist, werden besondere Massnahmen zur Erhaltung gleichmässiger Analysen ergriffen; dazu sind die Ergebnisse der Probebohrungen notwendig. Durch ein spezielles Lagerungsverfahren sowohl im Bergwerk als auch in den Häfen sind zudem weitere Möglichkeiten gegeben, eine gleichmässige Erzqualität zu sichern.

Umweltverhältnisse im Bergwerk. In der letzten Zeit werden immer grössere Forderungen an befriedigende Umweltverhältnisse am Arbeitsplatz selbst sowie in der Grubenumgebung gestellt. Lärm, Abgase von Maschinen, Sprenggase, Feuchtigkeit und schlechte Beleuchtung lassen sich auf verschiedene Weise bekämpfen. Laute Maschinen werden mit Schalldämpfern, die Bohrgeräte mit Vibrationsdämpfern ausgerüstet; man beheizt die Führerkabinen und richtet eine zweckmässige Beleuchtung ein. Der Grossteil der Bohrungen kann vom Armaturenbrett aus bedient werden. Dieselfahrzeuge erhalten Abgasreiniger, die in kurzen Intervallen kontrolliert und neu eingestellt werden.

Das Belüftungssystem ist in einem Bergwerk unter Tage äusserst umfangreich. Die Frischluft wird mit Ventilatoren von über Tage in das Bergwerk eingeleitet und in Heizanlagen aufgewärmt, worauf sie zum Verteilerort gelangt; von diesem geht sie über ein System von Lüftungsschächten weiter zu den Förderstätten. Die verbrauchte Luft wird auf ähnliche Art in einem getrennten System wieder hinausgeleitet.

Die Grubenumgebung versucht man wieder in die Natur einzugliedern. Nachdem das taube Gestein in den Veredelungsanlagen vom Erz abgetrennt worden ist, wird es als Abraum in der Nähe des Bergwerks gelagert. Das von den verschiedenen Anlagen gebrauchte Wasser kann dank eines Rezipientensystems wieder verwendet werden. Durch die ständige Wiedergewinnung des Wassers wird eine möglichst geringe Belastung der umliegenden Gewässer erreicht. Ausserdem kommt die Eisenveredelung zum überwiegenden Teil ohne Zusätze von umweltschädigenden Chemikalien aus.

Veredelung. Das Erz in den Bergwerken von LKAB weist hohen Eisengehalt mit meist nur geringem Einschlag von Granit auf. Mineraltyp und Phosphorgehalt können jedoch variieren. Der Phosphorgehalt sollte am besten entweder hoch oder niedrig sein, um sich für die zwei heute verwendeten Haupttypen von Sauerstoffverfahren zu eignen. Die Entwicklung dürfte allerdings zu Verfahrensweisen tendieren, in denen der Phosphor als Belastung angesehen werden muss. Eine Methode, den Phosphor zu entfernen, besteht in der Pelletisierung[3] des Erzes.
Bei der Erzgewinnung gelangt ein gewisser Anteil von Granit ins Erz, der mittels Veredelung entfernt werden muss. Der Grossteil des LKAB-Erzes wird in Rohaufbereitung veredelt, was mit dem ersten Schritt im Veredelungsprozess gleichbedeutend ist. Die hierbei gewonnenen Produkte sind Stückerz und staubförmiges Erz. Ein Teil des Stückerzes wird zur Aufbereitungsanlage transportiert und hier zu einem feinen Pulver, dem Konzentrat, vermahlen, wobei Fremdstoffe – u.a. in Form von Granit – entfernt werden. Das Konzentrat kann ohne weitere Verarbeitung direkt an die Stahlwerke verkauft werden, wo es vor der Zuführung in den Hochofen gesintert wird. Im allgemeinen erfolgt jedoch das Sintern bereits beim Bergwerk. Die Konzentrate werden mit einem Bindemittel vermischt, zu Kugeln, den sogenannten Pellets, gerollt und gebrannt. Die Pellets sind das Produkt mit der höchsten Veredelungsstufe in den Bergwerken von LKAB. Konzentrate und Pellets machen heute fast ein Drittel der Gesamtproduktion aus.

Rohaufbereitung. Der Rohaufbereitungsprozess besteht aus drei Vorgängen: Brechen, Sieben und Separieren. Hauptziel ist die Erhöhung des Eisengehalts.

Nach dem Brechen besitzen die Erzstücke eine Grösse zwischen 0 und 30 mm. Sie werden auf ein Sieb geleitet, das aus einer schwach geneigten und perforierten Gummiauflage besteht, und durch Vibration in verschiedene Stückgrössen sortiert. Der grösste Teil der LKAB-Erze besteht aus Magnetiterz. Seine magnetischen Eigenschaften werden für das Absondern auf magnetischem Weg genutzt. Der Separator besteht aus einer schnell rotierenden Trommel, die Elektromagneten besitzt. Wenn das Material in die Trommel gegeben wird, bleiben die Erzkörner auf Grund ihrer magnetischen Eigenschaft an der Trommel hängen und lassen sich durch eine Scheidewand aussondern. Das taube Gestein wird durch die schnelle Rotation von der Trommel abgeschleudert. Das ganze Verfahren verläuft trocken, weshalb sich die gesamte Anlage zur Verhinderung von Staubbildung in einem Gehäuse befindet. Das Separieren erfolgt gewöhnlich in zwei Stufen, wobei drei Produkttypen gewonnen werden: aufbereitetes Erz (Stückerz und staubförmiges Erz), ein zur Anreicherung bestimmtes Zwischenprodukt und Abfall.

Anreicherung. Das gesamte Scheideerz von Malmberget wird zur Anreicherung beziehungsweise Pelletisierung weitergeleitet. In Kiruna jedoch bestehen die Endprodukte zum grossen Teil aus Stückerz und staubförmigem Erz. Dasjenige Erz, das sich aus verschiedenen Gründen weniger gut für die Stahlwerke eignet (niedriger Eisengehalt, Zerfall während der Förderung usw.), wird angereichert. Bei diesem Verfahren wird das Material nochmals gebrochen und gemahlen, bis sich die Erz- und Granitkörner voneinander lösen und leicht trennen lassen. Die Anreicherung umfasst Mahlen, Separieren und Entwässern.

Das Mahlen erfolgt in grossen Stangenmühlen, die aus rotierenden, zylindrischen Trommeln bestehen. In diesen wird das Material zwischen lose liegenden Stahlstangen zerkleinert. Beim Mahlen werden rund 40% Wasser zugesetzt, um Staubbildung zu verhindern.

Für das Separieren gelangt das gemahlene Erz in einen magnetischen Nasstrommelseparator, der im Prinzip wie ein Rohaufbereitungsseparator arbeitet. Der Unterschied liegt im wesentlichen darin, dass das Material in nassem Zustand behandelt wird. Beim Separieren fallen drei Produkte an: Konzentrat, Zwischenprodukt und Abfall. Das Zwischenprodukt wird nochmals gemahlen und erneut geschieden. Auch das Konzentrat wird einer zusätzlichen Aufbereitung unterzogen, die zur weiteren Erhöhung des Eisengehalts führt und zur maximalen Ausnutzung des Erzes beiträgt. Auf dieser Aufbereitungsstufe sind die Mahlkörper in den Mühlen Kugeln aus Stahl oder taubem Gestein.

Das von den Separatoren abgehende Material wird in verschiedenen Anlagen entwässert. Das taube Gestein lagert sich in grossen, runden Becken, sogenannten Verdichtern, ab. Das sich absetzende Material bewegt sich gegen das Zentrum des Beckengrundes und wird als dicker Brei zu den Schutthalden hinausgepumpt. Nötigenfalls unter Zusatz von Flockungsmitteln erfolgen in den Becken weitere Ablagerungen. Sobald das Wasser wieder eine ausreichende Klarheit erlangt hat, wird es zur Aufbereitungsanlage zurückgeleitet, worauf sich der Prozess wiederholt. Auf diese Weise werden die umliegenden Gewässer so wenig wie möglich verschmutzt. Das Konzentrat aus den Magnetseparatoren wird in verschiedenen Filtern entwässert. Diese bestehen aus rotierenden Trommeln oder Scheiben, die das Konzentrat ansaugen, während das Wasser durch Filter gepresst wird und erneut in den Prozess zurückkehrt.

Wie bereits erwähnt, besteht ein Teil der Erze aus Hämatit, dessen Anreicherung etwas anders vor sich geht. Absondern und Anreichern sind hier in einem einzigen Verfahren vereinigt. Das grobzerkleinerte Erz aus der Grube wird getrocknet und auf Stückgrössen von weniger als 1 mm Grösse zermahlen. Daraufhin wird es durch Spezialsiebe, u.a. mittels Pressluft, in verschiedene Grössen sortiert. Nach dem Rättern wird das Erz auf elektrostatischem Weg abgesondert. Der Hämatit enthält einen Teil Magnetit, der durch Magnetseparatoren gewonnen wird. Das Endprodukt ist Konzentrat.

Der gesamte Produktionsprozess wird ständig kontrolliert, und zwar sowohl die Qualität und Quantität der Produkte wie auch die Funktion der maschinellen Anlagen und Geräte. Die Kontrolle erfolgt zentral in einem Kontrollraum, in dem sämtliche Daten über den Prozess gespeichert werden. Von hier aus erfolgt auch das Ein- und Ausschalten der verschiedenen Maschinen.

Eine wichtige Funktion kommt dem Wiegen zu, wofür sowohl mechanische wie elektronische Waagen zur Verfügung stehen. Ausserdem unterliegen die einzelnen Qualitätsergebnisse einer genauen Kontrolle. Die Entnahme der Proben in den Anlagen erfolgt sowohl manuell wie auch mechanisch, wobei danach gestrebt wird, die Proben möglichst repräsentativ zu halten.

Pelletisierung[3]. Hochöfen können nicht direkt mit Konzentraten beschickt werden, weil dies die Anlagen verstopfen würde, was den Abbruch des Hochofenprozesses zur Folge hätte. Die Mineralpartikel müssen daher zusammengebacken, d. h. gesintert werden. Dieses Sintern lässt sich teils in den Eisenhütten, teil bei den Gruben selbst durchführen. Das Konzentrat läuft auf einem Transportband zur Pelletanlage, wo es mit einem Bindemittel – bei LKAB mit Bentonit – gemischt und in grossen, rotierenden Trommeln zu Kugeln gerollt wird. Aus der Rolltrommel gelangen die Kugeln auf ein Sieb, das Kugeln mit zu kleinem Durchmesser ausscheidet. Diese werden in die Trommel zurückgeführt und dort aufs neue behandelt. Die fertigen Rohkugeln leitet man auf Transportbändern zur Brennanlage. Hier werden sie getrocknet und allmählich auf so hohe Temperaturen erhitzt, dass die einzelnen Körner zusammengebrannt – pelletisiert – werden. Nachher lässt man die Pellets unter Kaltluftzufuhr abkühlen. Sie besitzen jetzt eine sehr hohe Festigkeit.

LKAB verwendet drei Typen von Pelletwerken:

1. Am ältesten ist der Schachtofen in Malmberget. Die Rohkugeln werden laufend von oben in den Ofen eingegeben. Auf dem Weg durch den Schacht treffen sie auf entgegenströmende Verbrennungsgase und erhitzen sich dabei auf Sintertemperatur. Am Schachtausgang treffen die gesinterten Kugeln auf Kaltluft, durch die sie abgekühlt werden.

2. Die Bandöfen in Kiruna und Malmberget bestehen aus rotierenden Rosten, die mehrere Wärmezonen mit ständig höheren Temperaturen durchlaufen. Die Rohkugeln werden am einen Ende des Rostes hineingegeben und kommen am anderen Ende gesintert heraus. Die letzte Zone ist eine Kühlzone.
3. Der Bandrollofen in Svappavaara umfasst zwei verschiedene Werkeinheiten. Trocknen und Erhitzen bis auf 1000° erfolgen genau wie im Bandofen auf einem rotierenden Rost. Das eigentliche Sintern findet in einer langsam rotierenden Trommel, dem Rollofen (Drehrohrofen), statt. Die Erhitzung auf Sintertemperatur erfolgt mittels einer ölgeheizten Flamme. Die Kugeln werden schliesslich in einem «Karussellkühler» mit Kaltluft abgekühlt.

Mineraltechnische Forschung. Die mineraltechnische Forschung bei LKAB wird vor allem im Hinblick auf die Hauptaufgaben betrieben, neue und bessere Produkte aus den abbaubaren Vorkommen zu entwickeln, die geeignete Verarbeitung neuer Erze zu untersuchen sowie neue Methoden und Prozesse der Erzbehandlung auszuwerten und weiterzuführen. Die Abteilung, welche sich mit diesen Forschungsarbeiten beschäftigt, befindet sich in Malmberget. Der Grossteil der Arbeit findet im Labor statt. Hier werden die Anreicherungseigenschaften verschiedener Erze untersucht, Erzbehandlungsverfahren und die Entwicklung geeigneter Prozesse studiert sowie umfassende Untersuchungen in bereits vorhandenen Anlagen durchgeführt, in denen man die Prozesse verfolgt und Instrumente und Maschinen prüft.

Metallurgische Forschung. Die metallurgische Forschung befasst sich einerseits mit der Weiterentwicklung der bisherigen Verfahren, andererseits mit langfristigen Projekten, die den Zweck haben, neue Methoden und Produkte zu entwickeln. Die betreffende Abteilung befindet sich ebenfalls in Malmberget und besitzt ein gutausgerüstetes, modernes Labor, wo Pellets experimentell nach den drei Prozessphasen hergestellt werden können. Ausserdem existiert ein Mikrolabor mit Spezialeinrichtung für Grundlagenforschung. Hier lassen sich neue Produkte schnell und einfach prüfen. Das Labor verfügt auch über ein modernes Elektronenmikroskop mit Mikrosonde und Heiztischzusatz, mit dessen Hilfe zum erstenmal der Reduktionsverlauf eines Erzstücks verfolgt und gefilmt werden konnte, was für die künftige Produktentwicklung von grosser Bedeutung ist.

Die Erzbahn. Es wurde bereits erwähnt, dass der Bau der Eisenbahn, welche die Gruben mit den Häfen am Atlantik und am Bottnischen Meerbusen verbindet, eine der wesentlichen Voraussetzungen schuf, die gegen Ende des vorigen Jahrhunderts zum Abbau der Lagerstätten führten. Der Bau der Erzbahn zwischen Luleå und Narvik, einer Strecke von 474 km, war ein ständiger Kampf gegen die Natur: im Winter gegen Schnee und Kälte, im Sommer gegen Mücken und bodenlose Sümpfe. Hinzu kam, dass noch keine Strassen vorhanden waren, weswegen das gesamte Baumaterial auf dem jeweils fertiggestellten Teilstück der Eisenbahn transportiert werden musste. Der Eisenbahnbau war ausserdem Gegenstand finanzieller Auseinandersetzungen auf internationaler Ebene. Eine Reihe englischer Konsortien lösten einander ab, bis schliesslich der schwedische Staat gezwungen war, die Bauverantwortung zu übernehmen (vgl. Karte vorn).
Auf der sogenannten Südstrecke, dem Teilstück zwischen Malmberget und Luleå, wurde der Verkehr am 13. März 1888 mit dem schwersten Zug eröffnet, der bis zu jener Zeit überhaupt gefahren war. Zwei Schwerlokomotiven zogen 40 Waggons mit insgesamt 1000 Tonnen Erz. Die sogenannte Nordstrecke von Kiruna nach Narvik wurde auf schwedischer Seite vom schwedischen, auf der norwegischen vom norwegischen Staat gebaut. Ihr Bau stiess vor allem auf dem letzten Teilstück auf aussergewöhnliche Schwierigkeiten, da die Trasse an einer Bergflanke angelegt werden musste, die steil zum Fjord abfällt.
Die Eisenbahn ist bis heute einspurig. Die Strecke zwischen Kiruna und Narvik dürfte eine der verkehrsreichsten eingleisigen Bahnlinien der Welt sein, verkehren auf ihr doch täglich etwa 30 Erzzüge; dazu kommt noch der Personen- und Güterverkehr. Die Eisenbahn erschloss auch dem Tourismus

die nordischen Landschaften. Zwischen 1915 und 1921 wurde die Bahn elektrifiziert, was eine Steigerung der Leistungsfähigkeit um 40% und eine Verdoppelung der Durchschnittsgeschwindigkeit zur Folge hatte. Die Bahnlinie wurde in mehreren Etappen modernisiert und für eine Belastung von 25 t Achsendruck ausgebaut. Der Verkehr wird von drei CTC-Zentralen aus dirigiert, so dass keine Angestellten für den Sicherheitsdienst auf den Bahnhöfen erforderlich sind. Mitte der sechziger Jahre wurde eine Stichbahn zum neu eröffneten Tagebau-Werk von Svappavaara angelegt.
Die älteren Erzwaggons besitzen ein Ladevermögen von 42 t, die neuen ein solches von 80 t. Beide Typen sind Bodenentleerer. Die Erzzüge von 5000 t werden von der stärksten elektrischen Lokomotive der Welt mit einer Höchstgeschwindigkeit von 50 km pro Stunde gezogen. Man setzt teils eine schwedische Lokomotive mit dreifach gekuppelten Achsen und einer Motorleistung von 9800 PS, teils einen norwegischen Typ mit 7400 PS ein. Für den Verkehr sind die staatlichen Eisenbahngesellschaften beider Länder verantwortlich.

Erzhäfen. Das in Kiruna produzierte Erz wird hauptsächlich über Narvik verschifft, das Erz aus Malmberget hingegen über Luleå. Etwa 75% der Gesamtproduktion von LKAB kommen aus Kiruna. Der im Zweiten Weltkrieg völlig zerstörte Erzhafen von Narvik wurde bis 1956 wieder aufgebaut. Damals konnten jährlich 12 Millionen Tonnen Erz verladen werden. Infolge der ständig steigenden Produktion musste der Hafen nach und nach erweitert werden, und heute befindet sich ein neuer Kai im Bau, an dem Schiffe von über 150000 t Tragfähigkeit anlegen können. Dadurch wird die Leistungsfähigkeit auf 30 Millionen Tonnen erhöht. Narvik ist nach Tonnage gerechnet der grösste Hafen in Skandinavien. Er ist während des ganzen Jahres eisfrei. Es dürfte wenige Häfen geben, die über dieselben günstigen Bedingungen wie Narvik verfügen. Dies betrifft sowohl die geschützte Lage wie auch die Tiefen- und Wasserstandsverhältnisse, das Fassungsvermögen des Hafenbeckens und die Nähe zu den Gruben.

Die gesamten Erzbewegungen von und zu den Lagerplätzen, welche über ein Fassungsvermögen von 2,5 Millionen Tonnen verfügen, erfolgen auf Transportbändern. Dank der modernen technischen Einrichtungen beträgt die Zahl der Beschäftigten nur rund 800. Jeden Werktag treffen etwa 100000 t Erz in zirka 15 verschiedenen Qualitäten von den Gruben ein und werden auf drei getrennte Lagerplätze verteilt. Mit Schaufelradbaggern oder grossen Verladegreifern wird das gelagerte Erz von den Halden genommen und in Bunker gefüllt, von denen es auf Transportbändern weiter auf den Kai und schliesslich in die Laderäume der Schiffe gelangt. Während des ganzen Ladevorgangs werden ständig neue Erzproben durchgeführt.
Ein neuer Erzhafen wurde 1965 auf Svartön in der Nähe von Luleå am Bottnischen Meerbusen für eine Jahresleistung von 9 Millionen Tonnen gebaut. Gleichzeitig wurde eine neue Fahrrinne für Schiffe mit bis zu 50000 t Tragfähigkeit ausgebaggert. Die Lagerplätze können 5 Millionen Tonnen Erz aufnehmen. Der Hafen ist im Winter zugefroren, aber die Verladesaison von normalerweise acht Monaten kann mit Hilfe von Eisbrechern verlängert werden. Daher wird das Erz von den Gruben in Malmberget auch im Winter zum Hafen transportiert. Die Lagerhaltung und die Verladungsvorgänge von Luleå entsprechen etwa denen von Narvik.

Anmerkungen

[1] Thomasverfahren = vom englischen Metallurgen S.G. Thomas erfundenes Verfahren, aus phosphorhaltigem Roheisen guten Stahl zu erzeugen.
[2] CTC = Centralized Traffic Control.
[3] Pelletisieren = Umwandeln von Feinerzen mit einem Korndurchmesser unter 0,2 mm in verfestigte Erzkugeln (sog. Pellets).

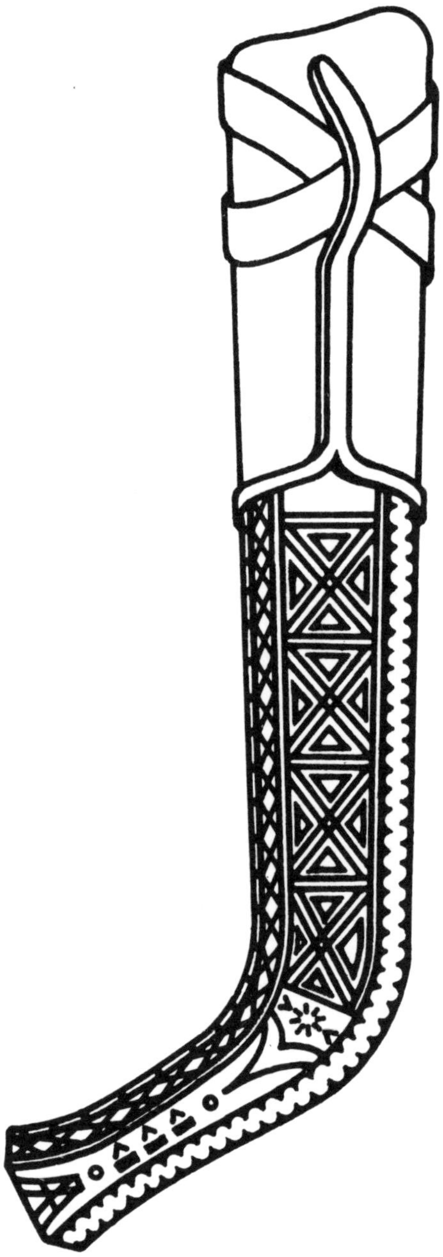

Die Messerscheide aus Rentiergeweih wird mit der Schlaufe (oben) am Ledergürtel befestigt

Knochenlöffel. Die lappischen Ornamentmuster sind verschieden von den andern skandinavischen

Erschliessung durch den modernen Verkehr

Auf Grund archäologischer Funde lässt sich nachweisen, dass Lappland seit mindestens 10000 Jahren besiedelt ist. Interessanterweise fand man keine Bronzegegenstände, so dass die Fachleute annehmen, die Kultur sei vom Steinzeitalter direkt in das Eisenzeitalter übergegangen. Vor mindestens 1000 Jahren sind entlang der Küste die Wikinger beziehungsweise die Norweger vorgedrungen und haben schon gegen Ende des Mittelalters Siedlungen mit Häfen errichtet. Die Schweden drangen vor allem im 17. und 18. Jahrhundert vom Bottnischen Meerbusen her in Lappland ein, um Holz zu gewinnen. Ihre bevorzugten Gebiete lagen entlang der grossen Ströme Piteälv, Luleälv, Torneälv sowie entlang der heute finnischen Flüsse Kemijoki und Ounasjoki. Die Finnen haben sich seit Jahrhunderten, aber besonders intensiv im 20. Jahrhundert, in Lappland ausgebreitet, so dass in diesen Gemarkungen der prozentuale Anteil der Lappen heute am geringsten ist. Ähnlich war es auf der Halbinsel Kola, in welche die Einwanderung aus den südlich angrenzenden Regionen verhältnismässig spät einsetzte.

Lappland wird von drei Bahnlinien durchquert: der Erzbahn von Luleå über Kiruna nach Narvik, der Sallabahn von Kemi über Rovaniemi und Salla nach dem sowjetischen Kandalakscha und von der Murmanbahn von Leningrad nach Murmansk, welche nach dem Zweiten Weltkrieg bis Petsamo (Petschenga) und Nikel verlängert worden ist. Zu den wichtigsten Strassenverbindungen gehören die grosse norwegische Süd–Nord-Route von Oslo über Trondheim–Narvik nach Skibotn am Lyngenfjord, die Strasse von Tornio am Bottnischen Meerbusen nach Skibotn, welche mehr oder weniger der finnisch-norwegischen Grenze folgt, sowie die Eismeerstrasse von Rovaniemi über Ivalo–Karigasniemi nach Lakselv, von wo aus durch die nördliche Fjordlandschaft eine Strassenverbindung mit mehreren Unterbrechungen durch Fjordfähren mit Skibotn besteht. Die nördlichste Strecke der Eismeerstrasse führt heute vom Inarisee durch sowjetisches Gebiet nach

Kirkenes. Im norwegischen Küstengebiet spielt naturgemäss die Schiffahrt eine wesentliche Rolle. Die «Hurtigrute» verbindet Trondheim mit Kirkenes, und ihre Schiffe legen an allen grösseren Hafenorten an. Ausserdem stehen zahlreiche Fjordfähren dem Personen- und Automobilverkehr zur Verfügung. In letzter Zeit wird der Flugverkehr immer mehr ausgebaut, und mitten in der Tundra oder im nordischen Wald entstehen grosse Flugplätze.

Dank der modernen Verkehrsmöglichkeiten und damit des Tourismus, aber auch der ungeahnten Entwicklung des Bergbaus nahmen zahlreiche Siedlungen einen raschen Aufschwung. Narvik mit 15000, Kiruna mit 30000 und Luleå mit 36000 Einwohnern verdanken ihr Wachstum den nordschwedischen Eisenbergwerken. Tromsö, das Zentrum Nordnorwegens, mit rund 45000 Einwohnern liegt am Südsaum der Troms-Insel. Ihr Wahrzeichen ist die 1036 m lange Brücke, welche die Insel mit dem Festland verbindet. Bis ins 19. Jahrhundert waren Walfang und Robbenschlag die wichtigste Existenzgrundlage. Heute ist es die Fischerei mit ihren Industrien, die Konserven, tiefgekühlte Fische und Fischmehl herstellen. – Hammerfest liegt auf 70°39′ auf der Insel Kvalöy und wird als nördlichste Stadt Europas bezeichnet. Die Stadt wurde nach der Zerstörung durch deutsche Truppen im Jahre 1944 neu und grosszügig aufgebaut und zieht sich als schmales Band um die Hafenbucht. Wie in Tromsö, so lebt auch hier der Grossteil der Bevölkerung von der Fischerei. Das Wahrzeichen von Hammerfest ist eine grosse, moderne Kirche mit Zeltdach, welche die übrigen Bauten überragt.
An der Einmündung des Ounasjoki in den Kemijoki, nahe am Polarkreis, liegt Rovaniemi, die Hauptstadt von Finnisch-Lappland. Von alters her ein Marktzentrum, nahm die Stadt einen raschen Aufschwung durch den Bau der Eismeerstrasse und der Sallabahn. Wie die meisten nordfinnischen Ortschaften, so erlitt auch Rovaniemi im Zweiten Weltkrieg fürchterliche Zerstörungen durch deutsche Truppen. Der Wiederaufbau erfolgte etwas überstürzt, so dass das Bild der heute über 30000 Einwohner zählenden Stadt mit vereinzelten Betonzweckbauten einen zwiespältigen Eindruck erweckt. Als

Hauptstadt von Lapinlääni ist es Sitz der Provinzverwaltung und mehrerer höherer Schulen. Und als Ausgangspunkt für den Tourismus in Lappland besitzt es moderne Hotels. Im Herbst, im Februar und im März finden bedeutende Messen statt, bei denen der Pelzhandel eine gewisse Rolle spielt. Im März kommen auch viele Sportler und Zuschauer zu den Ounasvaara-Spielen, die zu den wichtigen Wintersportereignissen der skandinavischen Länder überhaupt zählen.

Stallo wird geblendet

Stallo aber hatte dunkle und matte Augen, und er konnte nicht mehr so gut sehen. Es überkam ihn aber eine grosse Lust, die gleichen guten und blanken Augen wie der Junge zu besitzen, und so fragte er ihn: «Verstehst du die Kunst, dass ich auch so gute und blanke Augen wie du bekomme?» «Ja, das kann ich wohl tun, aber es ist eine schwere und grosse Sache, und ich brauche einige Dinge zu dieser Arbeit, wenn ich dir neue Augen geben soll.» «Was für Dinge brauchst du?» «Ich brauche nicht vielerlei, aber etwas Zinn muss ich haben, wenn ich dir so blanke Augen wie die meinigen verschaffen soll. Habe ich Zinn», fuhr er fort, «so muss es geschmolzen werden, und ist es geschmolzen, so will ich es auf deine Augen legen.» «Ja, aber ist das nicht gefährlich?» «Nein, gefährlich ist es nicht, wohl tut es etwas weh am Anfang, aber aushalten wirst du diese Schmerzen schon.» Stallo freute sich, so blanke Augen wie der Junge zu bekommen, und sagte: «Ja, das werde ich schon aushalten, wenn es weiter nichts ist und ich so blanke Augen wie du bekomme.» Er gab dem Jungen Zinn, das dieser in eine Pfanne legte und über dem Feuer schmolz. Als das geschehen war, sagte der Junge: «Nun musst du dich auf dein Lager legen.» Stallo, voller Freude, neue Augen zu bekommen, tat, wie ihn der Junge hiess. Und als er so dalag, nahm der Junge das brodelnde Zinn und goss es Stallo in beide Augen, und die verbrannten auf der Stelle. Was war aus seinen beiden schwarzen Augen geworden? Sie waren verbrannt, und nur mit einem Auge sah Stallo noch einen schwachen Lichtschein.

Stallo war in grossen Zorn geraten und dachte: ‹Es ist das beste, wenn ich den Jungen umbringe. Er ist ein schlechter Kerl, er hat meine Augen verbrannt.› Und er sagte zu ‹Ich selbst›[1]: «Geh jetzt in den Stall und treib die Schafe auf die Weide.» Als Stallo das sagte, dachte er dabei, den Jungen mit der Axt zu töten, wenn er als Letzter aus dem Stalle käme.
Der Junge ging in den Stall und liess die Schafe heraus, eines nach dem anderen. Stallo, der am Ausgang hinter der Türe stand, tastete nach jedem Tier, das herauskam. Denn er kannte seine Schafe wohl und konnte sie zählen, auch wenn er fast ganz erblindet war.

Aus: Ludwig Kohl-Larsen, «Die steinerne Herde», Erich Röth-Verlag, Kassel, 1975

[1] Das Polyphem-Motiv aus der «Odyssee» wird man unschwer wiedererkennen. Das «Ich-Selbst»-Motiv – anstelle des «Niemand» bei Homer – gilt jedoch als von Homer unabhängig und altertümlicher.

90

91

Bildkommentare

1 Idyllischer See in Finnisch-Lappland. Auf der kleinen Torfinsel im Vordergrund wächst das für diese Breiten charakteristische Wollgras *(Eriophorum)*. – Vgl. Bild 25.

2 Olderdalen im Lyngenfjord. Der 80 km lange, bis 1240 m tiefe Lyngenfjord in Nordnorwegen offenbart grossartige landschaftliche Szenerien und wird jeden Sommer von zahlreichen Fremden besucht.

3 Teilansicht des Inari-Sees. Der 1085 km² grosse, bis 95 m tiefe See mit seinen vielen Buchten, Halbinseln und 3000 Inseln gehört zu den schönsten Landschaften von Finnisch-Lappland. Für die Lappen gilt er seit jeher als «heiliger See».

4 Die weite Landschaft des Fjellgebietes von Ylläs-Aakenus erstreckt sich über 1600 ha und ist das südlichste Naturreservat von Finnisch-Lappland. Als Fjell (norwegisch) oder Fjäll (schwedisch) werden Plateaus bezeichnet, die meist Überreste einer aus dem geologischen Altertum stammenden Rumpffläche sind. Häufig sind die Fjells von Mooren, Fjellbirken und Kiefern bedeckt.

5 Tundrawald mit Fjellbirken bei Karasjok in Norwegisch-Lappland, nahe der Hauptstrasse, die Hammerfest mit Inari verbindet. Der Tundrawald bildet den nördlichsten Waldsaum und geht allmählich in die Tundra über.

6 Zauber der nordischen Sommernacht bei Berlevåg an der Nordküste der norwegischen Halbinsel Varanger.

7 Fischer im Lyngenfjord, Nordnorwegen. Links im Bild wird der erbeutete Fisch (vgl. Bild 8) aufgeschnitten und von Innereien gereinigt.

8 Auf einem Fischerboot im Båtsfjord (Halbinsel Varanger, Nordnorwegen). Der Fischer präsentiert einen unterhalb der Kiemen aufgeschnittenen Köhler *(Pollachius virens)*; dieser wurde wie die anderen Fische in der Kiste mit der Leine und grossen Haken (rechts im Bild) gefangen.

9 Sommernacht in einer Fischersiedlung an der Küste Nordnorwegens. Typisch für Nordskandinavien sind die Holzhäuser mit den weiss umrandeten Türen und Fenstern.

10 Im Fischerhafen von Honningsvåg auf Magerøy, der nördlichsten Insel Norwegens. Von Honningsvåg führt die 33 km lange Strasse zum Nordkap.

11 Die steile, felsige Küste des Nordatlantik ist dicht von den verschiedensten Vogelarten bevölkert; auf unserem Bild finden sich Sturmmöwen *(Larus canus)*, Dreizehenmöwen *(Rissa tridactyla)*, die an ihrem gelbem Kopf kenntlichen Basstölpel *(Sula bassana)* sowie Trottellummen, die in diesen Breitengraden sozusagen die Pinguine der Südhalbkugel vertreten (Båtsfjord, Nordnorwegen).

12 Sturmmöwe *(Larus canus)* auf einer schwimmenden Torfinsel. Sie ist der uns vertrauteren Silbermöwe ähnlich, unterscheidet sich von dieser allerdings durch die gelbgrüne Färbung des Schnabels und der Beine. Die Sturmmöwe ist vorwiegend Zugvogel, zum Teil auch im Binnenland, wo sie sich der Lachmöwe zugesellt.

13 Lachsangler bei Kirkenes. Der Lachs *(Salmo salar)*, in Mitteleuropa praktisch verschwunden, ist ein ausgesprochener Wanderfisch; seine Jugend verbringt er im Oberlauf der Flüsse, dann im Meer, wo er schnell heranwächst, um als erwachsener Fisch schliesslich zum Laichen wieder in die Flüsse hinaufzusteigen.

14 Der reissende Muonijoki, der Grenzfluss zwischen Finnisch- und Schwedisch-Lappland.

15 Am Kilpisjärvi, dem 25 km langen Grenzsee gegen Schweden, im nordwestlichsten Zipfel Finnlands. – Wie die Netze im Vordergrund zeigen, wird auch der Fischreichtum der Binnenseen genutzt.

16 Papageitaucher *(Fratercula arctica)*. Er erhielt seinen Namen wegen seines bunten Schnabels, mit dem er sich seine Nisthöhle in den Boden gräbt.

17 Frühling in der Moorlandschaft der Wildmarken Ostlapplands. Dieses Moor kann, kurz nachdem der Boden aufgetaut ist, nur mühsam durchquert werden.

18 Kaum ist der Schnee hinweggeschmolzen, erwachen die Pflanzen; sie spriessen und blühen innerhalb kürzester Zeit. – Unser Bild zeigt das gelbblühende Zweiblättrige Veilchen *(Viola biflora)*, das auch in unseren Voralpen vorkommt. Überhaupt ist festzustellen, dass die subarktische und die alpine Region Gemeinsamkeiten aufweisen (vgl. Bild 79). Die hohen rötlichen Stengel gehören zu Waldweidenröschen *(Epilobium angustifolium)*.

19 Auf dem fast humusfreien Schiefer an den steilen Fjordküsten können nur noch wenige Dickblattgewächse der Gattung *Sedum* (Fetthenne) und Gräser wachsen.

20 Der Klappertopf *(Rhinanthus)* kommt noch in den nördlichsten Fjorden Norwegens vor. Die kreisrunde Kapselfrucht enthält raschelnde Samen; dies hat der Pflanze den Namen gegeben.

21 Aus den mit Flechten bewachsenen Felsen leuchten die gelben Sterne der Scharfen Fetthenne *(Sedum acre)*.

22 Schwedischer Hartriegel *(Cornus suecica)* auf einem Tunturi in Finnisch-Lappland. Was wie eine einzige Blüte aussieht, umfasst in Wahrheit mehrere echte Blüten, wie ein Vergleich mit Bild 62 zeigt.

23 Die Saatgans *(Anser fabalis)* nistet in Mooren und Sümpfen und ist in Finnland geschützt. Bei uns ist sie als Zugvogel bekannt, der in gemässigten Breiten überwintert.

24 Wanderfalke *(Falco peregrinus)* mit Jungen in Finnisch-Lappland. Der Bestand dieser prächtigen Vögel ist in letzter Zeit stark zurückgegangen.

25 Wollgras *(Eriophorum)* bei Kautokeino im Fjellgebiet von Norwegisch-Lappland nahe der finnischen Grenze. Es setzt mit seinen weissen Wollbällchen fröhliche Akzente in dieser herben Landschaft.

26 Landschaft bei Finnöyra am Langfjord (Norwegisch-Lappland). Der harmonische Zusammenklang von Wolken, Wald und Wasser gehört zum Zauber dieser nordischen Welt.

27 Sommernacht bei Lakselv im Innern des Porsanger-Fjords in Nordnorwegen; das Bild zeigt den Fjord bei Ebbe.

28 Frühling im Tunturi-Gebiet von Finnisch-Lappland. Die Tunturis sind Restberge der fennoskandischen Rumpfebene; sie sind in der Regel unbewaldet.

29 «Baumleichen» auf Verwitterungsgestein eines Tunturis in Finnisch-Lappland. Zwischen und auf den Steinen wachsen verschiedene Arten von Flechten.

30 Das Flössen, in Mitteleuropa mittlerweile aus der Mode gekommen, erfreut sich im Norden nach wie vor grosser Beliebtheit. Durch die Wucht der Strömung werden in Wildbächen die Stämme oft in die Höhe geschleudert.

31/32 Oft werden die Stämme so in- und übereinandergeschoben, dass sie von den Flössern in ruhigem Wasser wieder entwirrt werden müssen – eine Arbeit, die Mut, Kraft und ausserordentliche Geschicklichkeit erfordert.

33 Siedlung bei Hammerfest auf der Westseite der norwegischen Insel Kvaløy. Immer wieder überrascht die Vorliebe des Nordländers für lebhafte Farben.

34 Tromsö auf einer kleinen Insel im Schutze der grösseren Insel Kvaløy zählt 45 000 Einwohner und ist eine wichtige Hafen- und Handelsstadt, besonders für die Eismeerfischerei und den Schiffsverkehr nach Spitzbergen. Als kultureller Mittelpunkt Nordnorwegens besitzt es eine Universität; erwähnenswert ist ferner das Tromsö-Museum.

35 Winter in Narvik, der norwegischen Hafenstadt am Ofotenfjord. Narvik mit seinen rund 15 000 Einwohnern ist Endpunkt der Lappland-, Ofoten- oder Erzbahn und wichtiger Ausfuhrhafen für die Eisenerze, die mit dieser Bahn von Schwedisch-Lappland herantransportiert werden.

36 Die weit zerstreute Siedlung Alta am Ende des Altafjordes in Nordnorwegen liegt auf 70° nördlicher Breite, besitzt aber dank dem Golfstrom ein verhältnismässig mildes Klima.

37 Sesshafte Lappenbäuerin in Kautokeino im Fjellgebiet von Nordnorwegen. Seltsam mutet der Gegensatz zwischen moderner Technik und traditioneller lappischer Folklore an. Was die Bäuerin in der Hand hält, ist eine Nadelbüchse aus Rentiergeweih.

38/39 Heuernte in Schwedisch-Lappland. Da Ackerbau in Nordskandinavien – zumal im Landesinnern – aus klimatischen Gründen meist kaum möglich ist, bleibt die Heugewinnung oft die einzige Art der landwirtschaftlichen Nutzung.

40 Bauernhöfe bei Tromsö. Im Vordergrund Blockhäuser mit Grasdächern. Das Decken von Wohnhäusern mit Grassoden findet sich interessanterweise auch in Island, das ja von Norwegen aus besiedelt wurde.

41 Modernes Lappenmädchen. Es verkörpert ziemlich rein den lappiden Rassentypus, der den Europiden zugeordnet wird: niedrig-breites Gesicht mit tiefer Nasenwurzel, strähnige dunkle Haare und braune Augen. Nordide und osteuropide, bei den Kola-Lappen (Sowjetunion) auch mongolide Einflüsse sind erst später hinzugekommen.

42 Schwedenkinder mit Motorschlitten. Der Motorschlitten ist in den schneereichen Wintern Nordskandinaviens ein unentbehrliches Fortbewegungsmittel geworden.

43 In einem Schulzimmer in Jokkmokk, Schwedisch-Lappland. Die Klasse ist keineswegs aus Lappen- und Schwedenkindern gemischt, wie man auf den ersten Blick meinen könnte – es ist eine rein lappische Schulklasse. Die Gesichter lassen die im Kommentar zu Bild 41 angedeuteten fremden Rasseneinflüsse deutlich erkennen.

44 Markt in Jokkmokk. Jokkmokk in Schwedisch-Lappland liegt etwas nördlich des Polarkreises und ist ein bedeutendes Zentrum Lapplands. In den ersten Februarwochen findet hier ein grosser Jahrmarkt statt, der von vielen Lappen besucht wird.

45 Marktszene in Jokkmokk. Die Kopfbedeckung ist bei den Lappenmännern (im Bild links) von Gebiet zu Gebiet verschieden; sie zeigt an, wo der Lappe herstammt. Vergleiche die völlig andere Kopfbedeckung auf Bild 47.

46 Bäuerin am Webstuhl in Schwedisch-Lappland. Was von den Lappenmännern gesagt wurde, gilt ebenso für die Frauen: auch bei ihnen variiert die Kopfbedeckung je nach Region – zumindest was die Form der Mütze und die Stickerei anbetrifft (vgl. Bilder 48, 73, 74).

47 Lappe beim Zerlegen eines Lachses. Die Mütze gehört zu einer lappischen Tracht; sonst ist die Kleidung zweckentsprechend modern.

48 Lappenfrau mit reichem Silberschmuck. Dieser ist nicht eigentlich lappisch, sondern verrät norwegischen Einfluss (vgl. den folgenden Bildkommentar).

49 Silberschmied in Kautokeino (Nordnorwegen). Der norwegische Silberschmuck hat eine Tradition, die bis auf die Bronzezeit zurückgeht. Auf unserem Bild tönt das Kunstlicht das Silber, das somit scheinbar einen Goldschimmer erhält. Der Mann arbeitet an einer silbernen Nadelbüchse.

50 Die Stadt Kiruna (30 000 Einwohner) in Schwedisch-Lappland. Im Hintergrund der Erzberg Kiirunavaara, davor das grosse Bürogebäude der Bergwerkverwaltung und rechts davon der Erzbahnhof.

51 Eisenerzabbau bei Kiruna. Der Vorrat an Erzen (50–60% Eisengehalt) der Magneteisenberge bei Kiruna–Luossavaara wird auf 1–1,5 Milliarden Tonnen geschätzt.

52 Moderne Bohrmaschine in einem Eisenbergwerk von Schwedisch-Lappland. Jede Abbaumethode erfordert ihre eigene, ausgetüftelte Technologie, um den Abbau so wirtschaftlich wie möglich zu gestalten.

53 Erzzüge in einem Stollen im Untertagewerk von Kiirunavaara. Durch Fernsteuerung können gleichzeitig 18 Züge fahren.

54 Ein Zug der Erzbahn in der Nähe von Kiruna. Die Erzbahn führt von Luleå am Bottnischen Meerbusen über Kiruna nach Narvik.

55 Fähre zwischen Skaberget und Bognes, südwestlich von Narvik.

56 Der Saanaberg, der «heilige Berg» der Lappen, beim Kilpisjärvi im nordwestlichsten Finnland (vgl. Bild 15). Er ist ein typischer Tunturi und gehört mit seiner Höhe von 1029 m zu den höchsten Erhebungen Finnlands.

57 Sommerabend an einem der zahlreichen Seen von Finnisch-Lappland. Zauberhaft ist die Spiegelung der Wolken im leicht bewegten Wasser.

58 Der Vielfrass *(Gulo gulo)* lebt vor allem in den Fjellgebieten, denen er auch seinen Namen verdankt: die deutsche Bezeichnung ist eine auf einem Missverständnis beruhende Verballhornung des norwegischen fjellfross = Bergkater. – Dieser grosse Raubmarder ist mit seiner ca. 1 m Körperlänge ein geschickter und gefährlicher Jäger. Auf seinen grossen Pfoten kommt der Vielfrass in den Mooren und im Schnee gut vorwärts.

59 Auch im Mikrokosmos des Pflanzenreichs offenbaren sich die Wunder der Natur: rechts unten im Bild Sonnentau *(Drosera rotundifolia)*, eine auch bei uns auf Torfmooren vorkommende fleischfressende Pflanze, an deren Drüsenhaaren Insekten festkleben und dort «verdaut» werden; das sternenförmige Moos ist ein Haarmützenmoos der Gattung *Polytrichum*.

60 Renherde auf einem lappländischen Moor zur Sommerszeit, von einer weissen Renkuh angeführt. – Im Gegensatz zu den anderen Hirschen tragen bei den Rentieren auch die Weibchen ein Geweih. Sie sind übrigens die einzige Hirschart, die Haustier wurde – allerdings nur in Nordeuropa und Nordasien, nicht in Nordamerika, wo das Karibu nach wie vor Jagdtier ist. In ein und derselben Hausrenherde finden sich üblicherweise Tiere ganz verschiedener Färbung.

61 Idyll am Sevettijärvi beim Inari-See in Finnisch-Lappland. Auffällig ist die Häufung von Wollgras (vgl. Bilder 1 und 25), das als Charakteristikum der nordländischen Moore angesprochen werden kann. Im Bildvordergrund finden sich Torfmoose *(Sphagnum)*, die weiter hinten sogenannte Bulten bilden (feste, grasbewachsene Moorhügelchen).

62 Die rotleuchtenden Beeren des Schwedischen Hartriegels *(Cornus suecica)* sind wegen ihres abstossenden Geschmacks ungeniessbar (vgl. Bild 22).

63 Das leuchtende Orangerot der Blätter der Zwergbirke *(Betula nana)* ist eine wichtige Nuance in der herbstlichen Farbenskala, die dem Herbst Lapplands die Bezeichnung «Ruska-Zeit» eingebracht hat.

64 Herbststimmung am Utsjoki, der das nördlichste Gebiet von Finnisch-Lappland durchfliesst.

65 Fjellbirke im goldenen Kleid zur «Ruska-Zeit» (Herbst). Herrlich kontrastieren die Gold- und Ockertöne mit dem Blau des Himmels und des Wassers.

66 Moltebeeren *(Rubus chamaemorus)* und Waldschachtelhalm *(Equisetum silvaticum)*; rechts unten ein Haarmützenmoos *(Polytrichum)* mit Sporenkapseln (vgl. Bild 59). – Die Moltebeeren sind die kostbarsten Beeren Lapplands; sie sind sehr vitaminreich und werden gezuckert mit Schlagsahne als Delikatesse gegessen. Sie

dienen auch zur Herstellung des beliebten Lakka-Likörs. Interessanterweise färben sie sich zunächst rot und schliesslich gelb, im Gegensatz zu den anderen, uns bekannten Brombeerarten.

67 Vardö, ein Ort mit 4000 Einwohnern, liegt auf einer Insel vor der Varanger-Halbinsel und ist die östlichste Stadt Norwegens. Die ursprüngliche Festung hat sich zu einem wichtigen Fischerort entwickelt.

68 Kirkenes, Bergbaustadt (Eisenerze) und Erzverladehafen, liegt mit seinen 5000 Einwohnern an der nordnorwegischen Küste nahe der finnischen und sowjetischen Grenze.

69 Ein Torfhaus in Schwedisch-Lappland. Vom mit Grassoden bedeckten Haus (Bild 40, Vordergrund) bis zum aus Torfsoden errichteten Sommerhaus der Lappen ist nur ein kleiner Schritt.

70 Teilansicht von Hammerfest, der nördlichsten Stadt Europas (70° 38′ nördlicher Breite). Hammerfest zählt 7000 Einwohner, die vor allem von der Fischerei, der Fischverarbeitung und dem Tourismus leben.

71 Zauber des Polarlichtes. Das Nord- oder Polarlicht ist eine Leuchterscheinung der hohen Atmosphäre mit wechselnder Intensität und tritt besonders im Nordpolargebiet auf. Auf der Südhalbkugel wird das Polarlicht Südlicht genannt.

72 Die Kirche von Jokkmokk in Schwedisch-Lappland erscheint im Winter wie ein Märchenschloss.

73 Lappenhochzeit bei Kautokeino im inneren Fjellgebiet von Norwegisch-Lappland. Braut und Bräutigam tragen besonders kostbaren Silberschmuck (vgl. Bilder 48 und 49).

74 Lappenmutter mit Kleinkind. Die sogenannte Kindertrage findet sich auch bei Naturvölkern, deren Frauen ein nicht an das Haus gebundenes Leben führen; diese ganz spezielle Form der Hängewiege – wie der ethnologische Fachterminus lautet – trifft man auch bei asiatischen Hirtennomaden und Prärie-Indianern an; das senkrecht hängende Traggestell – ein ausgehöhlter, mit Leder bespannter Baumstamm – wird an einem Band über die Schulter oder in den Sattelnocken des Rentiers getragen.

75 Teilansicht von Gällivare. Gällivare ist ein nordschwedischer Bergbauort (Eisenerz) an der Lapplandbahn und zählt mit den benachbarten Grubenarbeitersiedlungen 27 000 Einwohner.

76 Alles überzieht der Winter mit Schneepolstern: Laub- und Nadelbäume und selbst halb abgestorbene Stämme, die dem Schnee keine Angriffsfläche zu bieten scheinen.

77 Wintersport bei Kiruna. Es sei in diesem Zusammenhang daran erinnert, dass die Lappen sich schon seit undenklichen Zeiten der Skier als Fortbewegungsmittel bedienen und das Wort selbst norwegischen Ursprungs ist.

78 Winter im Tunturigebiet von Finnisch-Lappland. Selbst wenn es hier Wege oder Pfade geben sollte – der Schnee deckt alles zu und schafft die Illusion einer unberührten Landschaft. Lediglich die Spuren im Schnee (links) stören diese Illusion.

79 Der Sperlingskauz *(Glaucidium passerinum)* ist ungefähr so gross wie ein Star. Es handelt sich um die kleinste Eule Europas; er kommt interessanterweise erst wieder im Schwarzwald und in den Alpen vor. Er greift Kleinvögel und Mäuse an, die nahezu sein Gewicht haben.

80 Frühlingsstimmung am Yerisjärvi in Finnisch-Lappland. Die zauberhaften Farben des Himmels werden vom Wasser des teilweise aufgetauten Sees, in geringerem Grade auch vom Eis reflektiert.

81 «Frühlingsahnen» in Schwedisch-Lappland. Der aufgetaute Uferrand, der das zarte Violett der verschleierten Sonne widerspiegelt, kündigt den baldigen Frühling an.

82 Verschneiter Bauernhof bei Kiruna, Schwedisch-Lappland. Der Winter im äussersten Norden Europas ist lang und intensiv, doch hat er auch seine vergnügliche Seite: gerade um der langen Nacht die Schwermut zu nehmen, finden immer und aus dem geringsten Anlass Feste statt.

83 Winterstimmung mit Rauhreif. Der (im Hintergrund noch sichtbare) Nebel verdichtet sich an den Zweigen und bildet Reif.

84 Lappenzelt im Fjellgebiet von Schwedisch-Lappland. Das Bauprinzip ist aus dem Bild klar ersichtlich: Gabelstangen bilden das «Skelett», über das Segeltuch gespannt ist; früher verwendete man dafür Birkenrinde, wie in historischer Zeit und zum Teil noch heute gewisse nichtsesshafte Stämme Asiens und Nordamerikas.

85 Lappe an der Kochstelle im Zelt. Die Feuerstelle liegt direkt unter dem Rauchloch; sie galt den Lappen früher als heilig. Das Zelt ist übrigens viel zu klein, um Möbelstücke aufzunehmen; so findet sich hier praktisch nur das Küchengerät.

86 Die Insel Kagen vor der norwegischen Küste nordöstlich von Tromsö. Wäre nicht die Kargheit der Vegetation – man könnte sich in einer alpinen Landschaft der gemässigten Breiten wähnen.

87 Rentiere auf der Insel Kagen. – Die Rentierlappen haben die Wesenszüge ihres Volkes am reinsten bewahrt; Rentierhaltung wird heute von allen Volksstämmen um den nördlichen Polarkreis mit Ausnahme Amerikas, d.h. von Lappland bis zum äussersten Ostsibirien, betrieben.

88/89 Rentierscheidung. Ältere Tiere werden zum Schlachten und die Jungtiere zum Anbringen von Ohrschnitten (Kennzeichen der Besitzer) ausgeschieden.

90 Rentiere bei Kautokeino, Norwegisch-Lappland. Die Männer sind damit beschäftigt, mit langen Bahnen aus Leinwand (vgl. Bilder 89 und 93) die Tiere in eine bestimmte Richtung zu treiben.

91 Lappenfrau auf Rentierschlitten. Kastrierte männliche Rentiere werden zum Ziehen von Schlitten und Tragen von Lasten verwendet. Der zweikufige Schlitten (unser Bild) ist eine finnische Konstruktion; gewöhnlich bedienen die Lappen sich eines einkufigen Schlittens, dessen Spitzform das Vorwärtskommen in Wald und Gebüsch erleichtert.

92 Mit bewundernswerter Disziplin durchqueren Rentiere einen Fluss.

93 Rentiere im Pferch vor der Rentierscheidung. Schier unübersehbar ist der Wald der Rengeweihe.

94 Vom harten Leben gezeichneter Lappe. Heute geht die Tendenz dahin, die Lappiden innerhalb des grossen Rassenkreises der Europiden einem eigenen Rassentypus zuzuweisen (vgl. Bildkommentar zu Nr. 41), während sie früher den Alpinen untergeordnet wurden (v. Eickstedt).

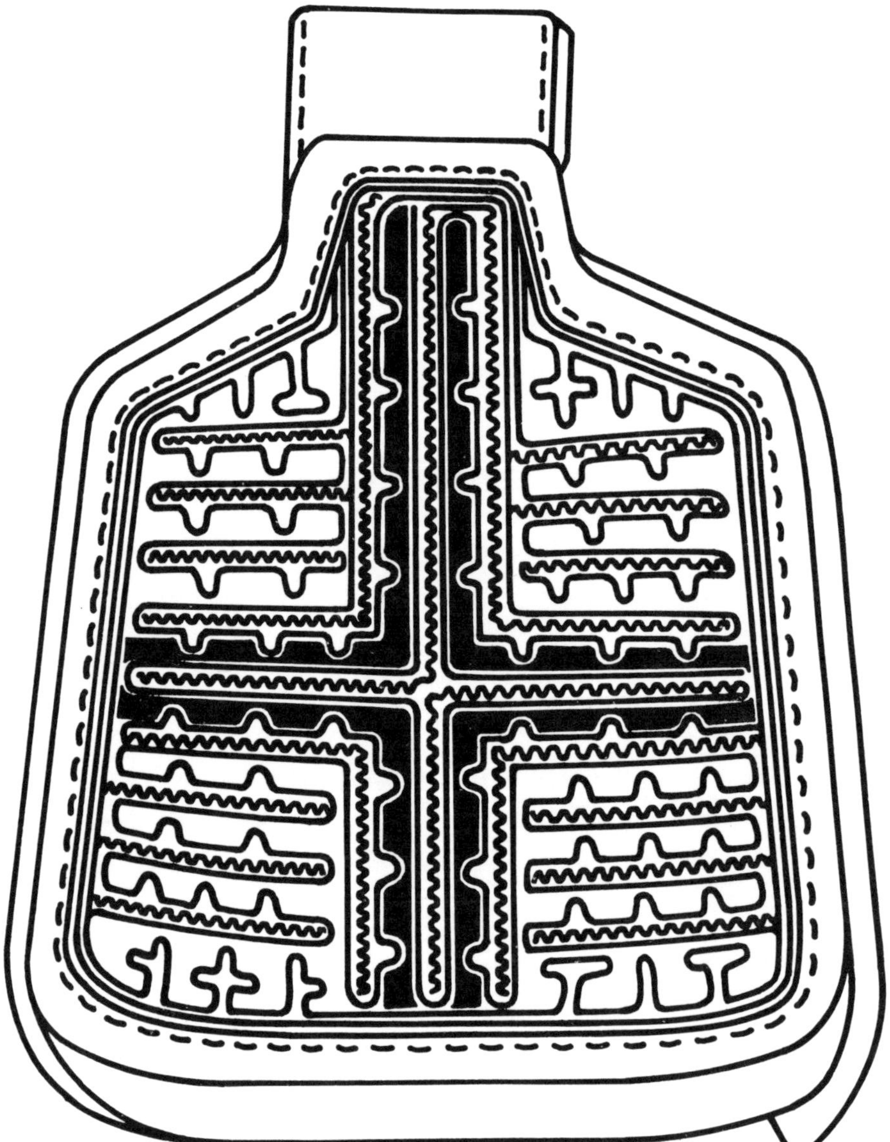

Beutel mit Zinndrahtmuster, alte, immer noch lebendige Technik

Autobahn mit Anschlüssen
Motorway with access roads
Autoroute à chaussées séparées avec accès
Internationale Fernstrasse
International throughroute
Route de transit international
Regionale Fernstrasse
Regional throughroute
Route de transit régional
Hauptverbindungsstrasse
Main connecting road
Route de communication principale
Verbindungsstrasse
Connecting road
Route de communication
Hafen
Port
Port
Distanzen in Kilometern
Distances in kilometres
Distances en kilomètres
Eisenbahn
Railway
Chemin de fer
Autofähre
Car ferry
Bac pour automobiles
Landesgrenze
State frontier
Frontière d'Etat
Sumpf
Marsh, swamp
Marais
Grube
Mine
Mine
1:2750000
0 50 100 150 Kilometer
0 20 40 60 80 100 Miles
Printed in Switzerland © Kümmerly+Frey, Bern